La Mente del Emprendedor Millonario

Desde el caos a la claridad: descubrí las herramientas y las estrategias que transforman negocios.

Daniel Arballo

Título: La Mente del Emprendedor Millonario

Copyright © 2024 Daniel Arballo
Primera Edición

Todos los derechos reservados.

Ninguna parte de este libro puede ser reproducida en cualquier forma o por cualquier medio electrónico o mecánico, incluyendo sistemas de almacenamiento y recuperación de la información, sin el permiso del autor.

Advertencia

Este libro está diseñado para proporcionar información y motivación para nuestros lectores. Se vende con el bien entendido que el autor no se dedica a prestar ningún tipo de consejo psicológico, legal o ningún otro tipo de asesoramiento profesional. Las instrucciones y consejos en este libro no pretenden ser un sustituto para el asesoramiento. El contenida de cada capítulo es la sola expresión y opinión de su autor.

ISBN: 9798338433447

Publicado de forma independiente

Dedicatoria

Este libro está dedicado a todos aquellos que, sin importar su edad, condición, recursos o su entorno, dejan las aguas calmas y seguras de un trabajo formal y se aventuran a cruzar los océanos tormentosos y desconocidos en búsqueda del "Nuevo Mundo" del "Emprendimiento". Esos locos que se lanzan a la mar solo con buena voluntad, pasión y unas ganas locas de una vida mejor...

Conéctate conmigo por las redes sociales

INSTAGRAM: @soydaniarballo
YOUTUBE: @emprendiendolavida
SPOTIFY: Emprendiendo la Vida
MI WEB: www.daniarballo.com

UNITE AL GRUPO EXCLUSIVO PARA RECIBIR
CONTENIDO ESPECIAL O VISITA MI WEB
(Hace Clic o Escanea el código QR)

INDICE

Introducción	1

PRIMERA PARTE - "Descubriendo el Problema"

Del Caos al Control: El Primer Paso Hacia Tu Éxito Emprendedor	5
Houston tenemos un PROBLEMA ¡!	7
La era del descubrimiento	11
Las 4 áreas caóticas en un emprendimiento	11
1- Desorden en tu proceso de trabajo (Productividad y Entrega)	12
2- Desorden en tu proceso de comunicación	13
3- Desorden en tus números	15
4- Desorden en tu administración del tiempo y objetivos	17

SEGUNDA PARTE - "Las 7 Herramientas"

Herramienta #1 – El Secreto Oculto del 80/20: Cómo Multiplicar Tu Productividad con Menos Esfuerzo

Entonces, ¿qué es exactamente la regla 80/20?	21
¿Dónde se origina el principio de Pareto?	22
¿Se aplica este principio a tus ingresos?	23
Descubrí cómo poner en práctica el principio de Pareto con estos ejemplos.	23
Productividad	23
Solución de Problemas	24
Toma de decisiones	25
Ventajas de la regla 80/20	25
Desventajas de la regla 80/20	26
Usá este principio para dar forma a tu vida	27
Cómo usar esta regla para ganarte la vida con lo que te apasiona	27
Encontrá tus pasiones	28
Cambiá tu forma de pensar de consumidor a productor	29
Cambiá tu relación pasión/trabajo	30

Herramienta #2 – Rompe las Cadenas: Supera las Barreras que Frenan Tu Negocio

¿Qué es la teoría de las restricciones?	31
¿Cómo aplico la teoría de las restricciones?	32

Ejemplo: Lanzamiento de un producto de capacitación Online. 33
Limitaciones emocionales 35
Eliminando restricciones con la Teoría de las Restricciones 36
Máximo apalancamiento con enfoque láser 37

Herramienta #3 – Corre Hacia el Éxito: Cómo los Sprints Cortos Transformarán Tu Productividad

¿Qué es un Sprint? 38
Estos fueron algunos resultados usando Sprint 40
¿Qué puedes lograr si corres? 41

Herramienta #4 – Derriba Tus Creencias Limitantes: Cómo Reprogramar Tu Mente para el Éxito

Cómo mantener el rumbo 43
¿Por qué aún no tengo éxito con mi emprendimiento? 44

Creencias limitantes que debes eliminar 45
¿Cómo podes liberarte de las creencias limitantes y tener éxito? 45
¿Por qué alguien se interesaría en lo que publico o escribo? 46
No tengo suficiente material que aportar 47
La competencia es demasiado dura 48
Todo está en tu cabeza 49

Herramienta #5 – El Poder de los Objetivos SMART: Cómo Alcanzar el Éxito con Metas Claras y Medibles

Qué son los objetivos SMART 51
Específico 51
Mensurable 51
Alcanzable 52
Relevante 52
Temporal 52

¿Cuáles son los beneficios de los objetivos SMART? 53

Cómo redactar objetivos SMART en 5 pasos 54

Algunos ejemplos de objetivos SMART 57

Organizar tus esfuerzos 58

Tu plantilla para la metodología SMART 58
¿Qué es una plantilla para la metodología SMART? 59

La Mente del Emprendedor Millonario

Herramienta #6 – Prioriza como los Grandes: Domina tu Tiempo con la Matriz de Eisenhower

¿Qué es la matriz Eisenhower?	61
¿Para qué sirve la matriz Eisenhower?	62
Ventajas y desventajas de la matriz de Eisenhower	62
Ventajas	62
Desventajas	62
Elementos de la matriz Eisenhower	63
Cuadrante 1: urgente + importante	63
Cuadrante 2: importante + no urgente	63
Cuadrante 3: urgente + no importante	63
Cuadrante 4: no urgente + no importante	64
5 pasos para realizar tu propia matriz	64
Eisenhower	64
1. Establece tus cuadrantes	65
2. Clasifica tus tareas basándote en estos cuadrantes	65
3. Aprende a delegar	65
4. Implementa la matriz Eisenhower con tu equipo	66
5. Enfoca tus esfuerzos de manera efectiva	66
4 ejemplos de matriz Eisenhower	68
1. Para el día	68
2. Para un proyecto	68
3. Para la estrategia de contenidos de un blog	69
4. Para una sesión de fotos para producto	69

Herramienta #7 – Domina tu Día en Intervalos de 25 Minutos: La Técnica Pomodoro que Revoluciona la Productividad

¿Qué es la Técnica Pomodoro?	71
Eliminá las fuentes de interrupción que podes controlar	72
Establece límites claros	72
Durante el pomodoro, si te surge una interrupción interna	72
Durante el pomodoro, si te surge una interrupción externa	73
Mantene la calma	73
Utiliza técnicas de gestión del tiempo	73
Ajusta tu planificación	73

Aprende de tus experiencias … 74
Ventajas y desventajas de la técnica Pomodoro … 74
    Ventajas de la técnica Pomodoro … 74
    Desventajas de la técnica Pomodoro … 75
Cómo utilizar la técnica Pomodoro para mejorar tu productividad como vendedor … 76
    1. Prepara tu pomodoro timer … 76
    2. Decidí cuál va a ser la tarea que vas hacer … 76
    3. Protegete de distracciones … 76
    4. ¡Empezá la cuenta regresiva! … 77
    5. Descansa por un lapso corto … 77
    6. Volvé a empezar … 77
    7. Aprende cuáles son tus tiempos … 77

TERCERA PARTE - "Manos a la Obra"

Desbloquea tu Máximo Potencial: Cómo Crear el Estado Óptimo para la Productividad … **78**
    ¿Cuándo y dónde se realiza el trabajo? … 78
    Establecimiento de las condiciones óptimas … 78
    Trabajá con vos mismo (no en tu contra) … 80

¿Cómo ser productivo cuando tenes ganas de darte por vencido? … 81
    ¿Sos perezoso? … 81
    ¿Qué podes crear hoy? … 82
    Mis dudas como creador de contenido … 83
    Esto no es fe ciega … 84

La Mentalidad del Emprendedor … **85**
    Tu mentalidad importa … 85
    ¿Cuál es la verdadera razón por la que las personas NO tienen éxito en sus proyectos Online? … 86
    ¿Qué pasa acá? ¿Por qué es tan difícil para tantos? … 86
    ¿Qué detiene la acción? … 87
    Realidad física o responsabilidad … 87
    Falta de comprensión o habilidades … 88
    Falta de recursos … 88
    Saber con qué lidiar primero … 89

Técnicas de Mindfulness para Emprendedores … **90**
    1.- Una mente atenta es una mente productiva. … 91

2.- La mente de principiante fomenta tu creatividad.	92
3.- Mindfulness para el autocuidado.	92
4.- Mindfulness para la innovación.	92
5.- Mindfulness para la toma de decisiones.	93
6.- Mindfulness para no perder de vista los valores de tu empresa.	93
7.- Dar lo mejor de nosotros soltando el resultado.	93
Enfocado en una sola cosa	**95**
El poder de enfocarse en una sola cosa	95
Cómo enfocarse en una sola cosa	95
Por qué enfocarse en una sola cosa	96
Focalizate solo en una cosa	98
No dividas tus pasiones	98
Preguntas para enfocarse en una sola cosa	99
¿Puedo emprender un negocio On-Line solo… ?	**100**
¿Debería buscar ayuda?	101
Otros han tenido éxito solos	107
¿Queres ser un Nómada Digital?	**109**
¿Qué es un nómada digital?	110
Beneficios y Retos del Nomadismo Digital	111
5 Requisitos para ser un nómada digital	112
¿Cómo es el estilo de vida de un nómada digital?	114
Retos de ser un nómada digital	116
Las 3 maneras de ser un nómada digital	117
Negocios y profesiones para nómadas digitales	118
Herramientas que te ayudarán a ser un nómada digital	119
¿Los nómadas digitales pagan impuestos?	120
Configura la banca internacional	121
Preparativos y Planificación	122
Desarrollo de Habilidades y Aprendizaje Continuo	122
Entonces, ¿vale la pena ser un nómada digital?	123
El Pensamiento Inevitable	**124**
Resultados inevitables	125
Pensar inevitablemente elimina el miedo	126
El Éxito Está en Tus Manos: Cómo Convertir el Conocimiento en Acción	**129**
Links de Interés	**133**

"No esperes porque el tiempo nunca será perfecto…
Comienza donde te encuentres y trabaja con las herramientas que tengas disponibles, ya irás encontrando más y mejores herramientas en la medida que vayas avanzando"

Napoleón Hill

Introducción

En el año 1993 comencé a jugar con Internet en una maquina SUN SPARC que usaba un sistema operativo propietario casi idéntico al Unix denominado 'Solaris", en ese entonces, había logrado hacer funcionar una primera versión del navegador Mosaic 1.0 y luego más tarde en 1994, con el lanzamiento del navegador Netscape, presencié la desaparición del Gopher y las BBSs y el nacimiento comercial de la WEB.

En ese entonces solo me movía la pasión por "Jugar" y descubrir todo el potencial que nos comenzaba a mostrar esta "Nueva era", la Era de Internet, y no pensaba en hacer dinero, no exploraba el costado comercial de las cosas, solo estaba como un NERD, probando, jugando, desarrollando, haciendo presentaciones, escribiendo artículos en diarios y revistas, comunicando a todos, las nuevas maravillas que la tecnología nos estaba por regalar.

El trabajar dentro de grandes empresa me permitía la comodidad de no preocuparme por el dinero, poder jugar con todo lo que tuviera a mano y sin gastar un centavo de mi bolsillo, era como una "Barra Libre" pero en vez de ser bebidas la que consumía, esta era una barra libre de tecnología, acceso a todo lo que se me ocurriera y no lo pagaba yo, como un chico suelto en una gigantesca juguetería. Viajaba por distintas partes del mundo, hacia presentaciones, dormía en hoteles lujosos, salía en las revistas de tecnología de la época y hasta me hicieron miembro de la Internet Society. Yo estaba como un RockStar pero el dinero se lo llevaba otro. A fin de mes era como la cenicienta después de medianoche, el carruaje se transformaba en calabaza, los caballos en ratones, mi salario era el mismo y las deudas y los gastos seguían ahí.

Me llevo mucho tiempo despertarme de ese sueño y darme cuenta que al final del día, seguía siendo un empleado de alguien, y que mis logros, desarrollos y descubrimientos, solo engordaban el bolsillo de otra personas y no el mío.

Durante esa época fui conociendo colegas y emprendedores que intentaron montar algún tipo de negocio en Internet para ganarse la vida, varios tuvieron mucho éxito e incluso durante la burbuja de los .COM (entre 1997 y 2001) algunos afortunados lograron vender su emprendimiento y convertirse en pequeños millonarios, pero la mayoría fracaso en su intento. Con el tiempo me dio mucha curiosidad y puse a analizar qué había pasado con toda esta gente y me focalice especialmente en aquellos emprendedores que desde ese entonces hasta ahora, venían fallando en sus intentos por lograr el éxito en sus emprendimientos digitales. Con el correr de los días me surgió la gran pregunta… ¿POR QUÉ FRACASARON ?:

¿Se debe a la falta de conocimiento? No. Hoy en día tenemos TONELADAS de información, abundan en Internet videos, tutoriales, cursos. Estamos invadidos de Gurúes, Coachees y Mentores. Las redes sociales nos taladran la cabeza todos los días con contenido. Digamos que con un poco de dedicación cualquiera con acceso a Internet puede armar su propia versión paso a paso de cómo construir un negocio en Internet. Hay para todos los gustos, preferencias y tamaños de bolsillo. La falta de información y conocimiento NO seria el problema.

¿Es por la falta de dinero que fracasan? Es muy poco probable. Actualmente muchas herramientas y contenidos están disponibles para cualquiera y de forma gratuita. Muchos negocios on-line se pueden comenzar con muy poco capital inicial y hasta hay algunos tipos de negocios que con "Cero" capital los podemos arrancar.

¿Tal vez fracasan por la falta de tiempo? Mmm dudoso. Se puede hacer un gran progreso con solo unas pocas horas por día, si procuramos ser realmente productivos durante ese tiempo.

Entonces te pregunto a vos, **¿por qué crees que cuesta tanto hacer crecer un negocio online y alcanzar nuestros objetivos?**, ¿porque más del 80% de los emprendimientos online fracasan antes de los primeros 2 años?

Después de conocer y hablar con muchos emprendedores a lo largo de varios años, de analizar diferentes publicaciones y construir mis propios negocios online, hay algo que me queda muy claro:

El juego mental del emprendimiento es, por lejos, el mayor determinante tanto del éxito como del fracaso. Nuestra mente es la clave!

¡SI! Aunque no lo creas, todo está en tu cabeza, ya sea que estemos hablando de baja productividad, desorganización, mala gestión del tiempo, deficiente manejo de prioridades, falta de confianza o miedo al fracaso: todos estos problemas están dentro tuyo y no fuera de ti.

Como dice Robert Kiyosaki:
" Tu mente es tu mayor activo y quien se prepara día a día para el éxito es quien termina alcanzándolo..."

Con este libro quiero aportar un pequeño grano de arena al proceso de **"entrenar tu mente"**, te voy a compartir 7 maravillosas herramientas que fácilmente vas a poder incorporar a tu día a día, y así de a poco, vas a ir preparando tu mente para el éxito. Si querés ser un emprendedor millonario, primero debes entrenar y organizar tu mente.

En la primera parte rápidamente te voy a contar mi camino, mis problemas, mis errores y mis fracasos hasta llegar al descubrimiento de los cambios que implemente para cambiar mi destino.

Ya en la segunda parte, vamos a los bifes y te presento una a una las 7 herramientas fundamentales para lograr el ÉXITO de Tu Negocio sin morir en el intento..

Estas 7 herramientas fundamentales que desarrollo en la segunda parte del libro son:

1. **La regla 80/20,**
2. **La teoría de las restricciones**
3. **El sprint**
4. **Las creencias limitantes**

5. Los objetivos SMART
6. La matriz de Eisenhower
7. La técnica POMODORO

En la tercer parte **comenzamos con "Manos a la Obra"**, aprendiendo a como crear un estado óptimo para que seas productivo, como hacer para adquirir la mentalidad de un emprendedor, también te voy a compartir algunas simples técnicas de Mindfulness para emprendedores y voy a mostrarte cómo hacer para que te enfoques en una sola cosa a la vez.

Además te propongo el desafío de trabajar menos horas, que analicemos si te conviene emprender solo o si es mejor apoyarte en otros, y por ultimo exploramos juntos la posibilidad de lanzarte a ser un Nómada Digital.

Tené en cuenta que Tu mentalidad, la forma en que organizas tu cabeza y cómo percibís tu capacidad para lograr el éxito son determinantes para alcanzar tu objetivo.

¿Estas listo para el trabajo que demanda enfocarte, entrenar tu mente y lograr ser un emprendedor millonario ?

Estoy seguro de que vas a disfrutar un montón de este libro como disfrute yo al escribirlo. Te deseo el mejor de los éxitos en lo que decidas emprender!

Dany Arballo

PRIMERA PARTE - "Descubriendo el Problema"

Del Caos al Control: El Primer Paso Hacia Tu Éxito Emprendedor

Creo que si tuviese que elegir una palabra que escucho mil veces, cuando empiezo a trabajar con algún emprendedor o empresa es "caos". Frases como:

- "Siento que todo es desorden y desorganización general"
- "Estoy todo el día apagando incendios y urgencias"
- "No me alcanza el tiempo para nada"
- "Estoy quemadísimo"

y muchas otras que reflejan más o menos lo mismo:

…que hacemos y hacemos, pero pocas veces frenamos y ordenamos.

Al principio puede ser lógico porque empezamos como podemos y vamos haciendo lo que podemos. A veces no tenemos ni la más mínima idea donde nos estamos metiendo, con lo cual, inevitablemente, el caos es parte esperable de nuestro proceso.

Así comencé yo también, allá lejos y hace tiempo, mucho más joven, más delgado y con mucho mas pelo en mi cabeza, un día cansado de trabajar para otros salte al vacío y comencé a trabajar por mi cuenta.

Lo mío no fue nada muy planificado, de un día para el otro, ya casado y con 3 hijos, decidí que era tiempo de emprender. Obviamente como venía del mundo de la tecnología y las telecomunicaciones, oriente mi emprendimiento a brindar servicios de Telecomunicaciones, sin saber, que estaba comenzando a transitar la primer fase del emprendedor que Alex Hormozi la define como **"EL Optimista Desinformado"**, yo estaba muy eufórico y alegre por el nuevo camino que habría de recorrer, creía que, como ya había logrado grandes cosas anteriormente para las empresas en las que había trabajado, lograr grandes cosas para mi empresa, iba a ser algo realmente fácil. Lo que no sabía era justamente…. **TODO LO QUE NO SABIA.**

Yo para ese entonces era un Nerd de la Tecnología, pero no sabía nada de ventas, ni de marketing, de finanzas, de flujo de caja, de impuestos, organización, comunicación, precios, márgenes, inversión, propuestas comerciales, y una interminable lista de cosas.

A medida que el tiempo pasaba, la lista de temas que descubría que **NO SABIA** crecía al mismo ritmo que mi deuda.

Desesperado, de a poco me fui "Informando" y tratando de adquirir de distintas maneras, todos los conocimientos que creía, me faltaban y que realmente necesitaba. No fue un proceso simple ni fue un proceso rápido, la reserva de dinero que tenía con el tiempo se evaporo y fue ahí, cuando sin saberlo, pase velozmente a la segunda fase que Alex Hormozi define como el **"Pesimista Informado"**.

En ese momento comencé a tomar conciencia de todo lo que debía aprender e incorporar a mi emprendimiento y de repente en un abrir y cerrar de ojos, toda la emoción y la euforia del comienzo fue transformándose en pesimismo y pesadumbre.

Estaba invirtiendo una gran cantidad de tiempo, dinero y esfuerzo para seguir progresando en esto que sabía que me quedaba por delante, y pese a todo, no lograba obtener beneficios porque, lo que facturaba, era poco o nada.

Pasaron los días, pararon las semanas y pasaron los meses y la facturación no despego y los ahorros se consumieron, las tarjetas de crédito llegaron a su tope máximo y es ahí donde definitivamente me di cuenta de que entraba en **"El Valle de la desesperación"**.

Y ahora qué hago? ¿Sigo invirtiendo tiempo, dinero y esfuerzo o renuncio a este emprendimiento y busco otro que sea rentable ?

Este fue el comienzo de un recorrido lleno de nuevos intentos con sus correspondientes fracasos.

Houston tenemos un PROBLEMA!

Era un 13 de abril de 1970 cuando la misión Apolo 13 de la NASA registró una explosión durante su viaje de ida hacia la Luna, que acabó convirtiéndose en una real odisea del espacio. Para avisar al centro de operaciones, el astronauta Jack Swigert lanzó una frase que quedó para la historia: **"Houston, tenemos un problema"**.

Apolo 13 fue la séptima misión tripulada del programa Apolo de la NASA y la tercera destinada a aterrizar en la Luna. La nave despegó desde el Centro espacial John F. Kennedy el 11 de abril de 1970, pero tuvo que abortarse el alunizaje debido a una explosión en un tanque de oxígeno del módulo de servicio.

Como resultado de todo lo que había pasado, la NASA se vio obligada a abandonar sus planes de realizar el tercer alunizaje tripulado. Los tanques destruidos proporcionaban soporte vital a los astronautas, por lo que, *"el nuevo reto consistió en devolverlos sanos y salvos a la Tierra"*.

Salvando las diferencias, mi emprendimiento se había transformado en el Apolo 13, ya no iba a llegar a la luna y ahora pasaba a ser una Misión de Rescate para mi emprendimiento. Lo que me terminaría diferenciando de la Misión Apolo fundamentalmente es que en vez de enfocarme en rescatar mi emprendimiento, comencé a intentar múltiples formas de generar dinero y a diferencia de la tripulación del Apolo, mi capsula no sobrevivió al reingreso a la Tierra...

Hay una frase de Mark Twain que aplica perfectamente a mi estado en ese momento y que dice:

"Lo que te mete en problemas no es lo que no sabes; es lo que crees que sabes, pero no es cierto".

Yo creía que sabia todo lo que tenía que saber, que el fracaso de mi emprendimiento se debía a múltiples factores externos pero que yo estaba haciendo todo muy bien. Después de todo, tantos años trabajando en empresas multinacionales, diseñando productos, encabezando proyectos, armando planes de negocio me daban una base sólida de conocimiento

- *"Yo estoy haciendo las cosas bien, el entorno no es favorable…"*

esa era la frase que repetía y me repetía para justificar, de cierta manera, lo que me estaba pasando. Esa ceguera me impulso a comenzar a explorar otras opciones de emprendimiento de manera desordenada, sin lógica y casi sin fundamentos, con el único fin de generar ingresos.

Esos años fueron caóticos, el estrés se disparó, la fatiga mental, el sueño desordenado, la alimentación descontrolada y las finanzas en una montaña rusa eran parte del día a día.

En un momento llegue a tener simultáneamente múltiples emprendimientos, vendía cables eléctricos por mercado libre, vendía artículos de camping, montañismo y pesca, también vendía rifles de aire comprimido, hacia instalaciones de redes, trabajos eléctricos y como si fuera, poco también estaba operando en la Bolsa con acciones y opciones negociables. Obviamente como se podrán imaginar, ninguna da las cosas las hacia bien, mi cabeza saltaba de vender una bolsa de dormir a vender una acción de American Airlines para después contestar consultas de un cliente sobre las características y el precio de un rollo de cable subterráneo.

Evidentemente todo esto no prosperó y de a poco, una a una, estas "Emprende-Changas" se terminaron muriendo. Fue entonces donde comencé a jugar con las páginas web y las tiendas virtuales. Arme un emprendimiento de Drop-Shipping cuando casi nadie sabía de qué se trataba, después lo abandone por la mitad y me pase al Drop-Service que también abandone, y así la lista siguió y siguió manteniendo el mismo patrón, comenzar algo nuevo, desarrollarlo, no darle tiempo a madurar y abandonar por otra cosa.

Continuamente caía en el estúpido pensamiento de **"Lo que hubiera sido y no fue"**

Te digo que si querés sufrir de manera absurda como sufría yo, pensa en tus fracasos y repetí en tu cabeza la expresión:

- *"Si yo hubiera hecho tal cosa, me habría pasado tal otra mejor".*
- *"Si hubiera montado este negocio, me habría hecho rico"*

Estas frases que yo solía repetir en mi cabeza solo me ayudaron a cultivar **"arte de auto machacarme"** y favorecieron a que se despertara en mí la envidia, una emoción que está claramente en las antípodas de la felicidad que en definitiva, era lo que deseaba encontrar y aun no me había dado cuenta. Y lo que es peor, **caí en la trampa de pensar que el éxito es replicable en otra persona o en otro contexto o en otro momento.** Como lo resumió un gran amigo un día mientras saboreábamos un asado:

"Es un error pensar que la vida es un examen, que podamos copiarnos de el de al lado nuestro. Cada uno de nosotros tenemos un examen diferente, incluso con unas preguntas que cada cual decide".

En un momento dado, se revive lo que en la mente de cualquiera puede ocurrir cuando nos imaginamos qué vida hubiéramos tenido si hubiésemos tomado otra decisión diferente. Lo que nos hace sufrir es que ante una decisión del pasado imaginamos que nos hubieran ocurrido mejores cosas.

- *"Si no hubiera cambiado de trabajo, no lo estaría pasando tan mal".*
- *"Si hubiera continuado con mi tienda de Dropshipping ahora estaría facturando millones…".*

No se sabe. Quizá hubieras tenido que lidiar con un despido o con problemas en la entrega de mercadería o cambios en la regulación de aduanas"

> **Nota:** Si tu mente se va a otras opciones siempre MUY POSITIVAS, aunque sean falsas, plantéate otras alternativas que hubieran sido también posibles, pero NO TAN POSITIVAS.

Con el correr del tiempo me di cuenta que evitar el **"efecto de lo que podía haber sido"** no es incompatible con "**aprender del pasado**"**,** con buscar referencias en otros y con atreverse a explorar. Simplemente, el objetivo es evitar el lamento, evitar sufrir de manera innecesaria y tomar elementos que nos ayuden a crecer como personas.

Y en ese **"Aprender del pasado"** descubrí todo lo que tenía que mejorar, lo que tenía que cambiar y lo que debía incorporar en mis próximos emprendimientos.

La era del descubrimiento

Cuando comenzamos a **"Aprender del Pasado"** y de todas nuestras experiencias, nos ponemos más reflexivos y evaluativos, nos damos cuenta de que tarde o temprano, llega un punto donde nos cansamos de pegarnos la frente contra la pared y tenemos que tomar las riendas de nuestros emprendimientos, abandonando de una vez por todas, el modo **caos** como si fuese nuestra forma natural de trabajar.

Creo que es parte de nuestra responsabilidad cuando comenzamos a manejar un emprendimiento/negocio, ponerle orden a ciertos procesos, para hacernos la vida más fácil y que todo fluya un poco más simple, sin **"dejar la vida"** completa en nuestro emprendimiento.

Durante todo el proceso de evaluar y aprender del pasado, logre detectar 4 áreas que son claves y que son las áreas más comunes donde reina el caos en los emprendimientos.

En este capítulo te voy a compartir estas 4 áreas claves, y en la segunda parte del libro, te voy a compartir las 7 herramientas fundamentales para que las apliques no solo en estas 4 áreas, sino también en el resto de las áreas de tu emprendimiento y por supuesto, en tu vida diaria.

Las 4 áreas caóticas en un emprendimiento

Como te comente anteriormente aquí te quiero compartir las <u>4 áreas</u> más comunes de desorden y caos que veo en la mayoría de los emprendimientos, para que revises si alguna de esas te está causando los mayores dolores de cabeza y también te voy a dejar algunos consejos para que puedas ajustarlas:

1- Desorden en tu proceso de trabajo (Productividad y Entrega)

El caos más normal suele estar en nuestro propio proceso de trabajo, sea en tu proceso de producción y entrega, si lo que ofrecés son productos; o en el paso a paso que seguís desde que alguien te pide cotización o te contacta, luego te contrata o adquiere tus servicios y finalmente terminas de brindarlos.

Muchas veces es porque en realidad, **NO tenemos ningún proceso** y simplemente vamos haciendo las cosas a medida que podemos o nos llegan los clientes.

¿Cómo sería un proceso de trabajo desordenado?

Si por ejemplo, compras la materia prima "cuando se acaba" o vas produciendo a medida que llegan los pedidos o cada vez que entra un nuevo pedido haces todo manualmente como si fuese la primera vez.

O, si ofreces un servicio, y no tenés ningún tipo de sistema o proceso armado o embudo de ventas por el que vas guiando a tus clientes, y les vas mandando cada cosa cuando podes o te acordás. O estás disponible las 24 horas los 7 días de la semana, para que te pidan cosas o te hagan consultas, en lugar de poner las reglas de juego y la forma de trabajo clara y simple desde el primer día.

¿Cómo podrías <u>ordenar</u> tu proceso de trabajo?

Cuando se trata de nuestro proceso de trabajo, para mí las palabras claves son: **la estandarización y automatización**. Tenes que dedicarle tiempo (solo una vez!) a revisar y pensar todo el proceso completo de principio a fin, y anotar todos los lugares donde podrías estandarizar o automatizar, en lugar de hacerlo de cero todas las veces que te llega un cliente.

Entonces, imaginate que ofreces un servicio, lo que podrías hacer es escribir:

- Cuando alguien me pide una cotización o me contacta: ¿qué mail automático le podría llegar? ¿Puedo ahí en ese mail ya incluir mis paquetes de servicio y la posibilidad de agendar una reunión exploratoria de 30 minutos?

- Cuando alguien me confirma que quiere empezar a trabajar conmigo: ¿qué mail puedo dejar ya pre-armado con toda la información que necesito que me mande para conocer su situación? ¿Puedo armar una encuesta y ya dejarla lista para que la persona conteste ahí? ¿De qué manera lo direcciono a mi pasarela de pago para cobrarle ? ¿Qué medios de pago le ofrezco ?
- Antes de cada encuentro, ¿hay algo que le quiera o tenga que mandar? ¿hay algo que necesito pedirle?
- Después de cada encuentro, ¿voy a mandarle algún resumen o algo con lo que charlamos? ¿o la persona me tiene que mandar algo?
- Cuando terminamos todo el proceso, ¿puedo dejar una encuesta ya armada para pedirle su feedback? ¿tengo que mandarle algún informe de cierre o algo que ya pueda dejar pre-diseñado?

Este es solo un ejemplo y las preguntas concretas dependerán por supuesto de tu tipo de negocio. Lo importante es que te pongas en escena y revises mentalmente el paso a paso de tu propio proceso, con el mayor detalle posible. Y acá no vale que digas "pero cada cliente es diferente". Sí, sé que cada cliente es diferente, pero hay partes del proceso que son iguales, aunque los clientes sean otros. Y esas son las partes que estamos tratando de identificar, para ahorrar tiempo y estandarizar todo lo que se pueda estandarizar.

2- Desorden en tu proceso de comunicación

Como emprendedores, la comunicación suele ser un área que nos demanda gran parte de nuestro tiempo y cabeza. Sea que uses solo las redes sociales o que también tengas una página web, un Blog , una landing page o lista de mails, crear ese contenido, compartirlo y responder los comentarios o consultas, suele ser un área donde dejamos gran parte de nuestro tiempo.

Por eso, es una de las áreas **más importantes** que tenemos que tener ordenada y organizada, para que no nos lleve las 24 horas del día. Porque la **comunicación** es clave, pero NO es todo en tu negocio.

Y si ponemos todas las horas solo ahí, no vamos a tener nunca tiempo ni energía para hacer todo el resto de las cosas que necesitamos para seguir creciendo y llevar nuestro negocio al próximo nivel.

¿Cómo sería un proceso de comunicación desordenado?

Básicamente es un proceso desordenado cuando no haces ningún tipo de planificación de tu contenido y vas comunicando lo que se te ocurre cada día. Entonces, la pregunta "¿qué comparto o público?" va a estar absolutamente todos los días en tu cabeza, en lugar de darle espacio puntual y planificado y que ocupe solo un momento específico en tu cabeza durante el mes (dedicado a eso!) y sacártela del sistema todo el resto de los días.

¿Cómo podrías ordenar tu proceso de comunicación?

La palabra mágica cuando se trata de ordenar la comunicación para mí es la **planificar**. ¿Cómo? Fijando en tu agenda (desde ahora!) los días específicos que vas a dedicar a:

- Una vez por mes, pensar el contenido de todo el mes siguiente, definir qué vas a necesitar para crearlo y cuándo lo vas a crear.
- Una vez por mes o una vez por semana (dependiendo lo que mejor te funcione!), escribir los textos exactos de las publicaciones de la semana siguiente y dejarlas programadas, usando alguna plataforma para las redes y para tus mails.

Definir desde ahora en qué momento de TODOS los meses del año vas a hacer la planificación y creación del contenido de cada mes. Y bloquearte ese espacio. Pero sobre todo defender ese espacio, como si fuese una reunión clave con otra persona, y no moverlo o taparlo con otras cosas.

Tu contenido es lo que estás mostrando y compartiendo de tu marca para atraer y conectar con tus potenciales clientes.

Tiene un rol fundamental para tu negocio, con lo cual no deberíamos pretender que se nos ocurran ideas magníficas y contenido de calidad en cinco minutos, cuando nos acordamos que "deberíamos publicar algo".

Si lo queremos usar como herramienta de marketing, tenemos que dedicarle tiempo de calidad.

Y, aunque eso puede sonar a más trabajo, te juro que es todo lo contrario. Porque es mucho más fácil y productivo, dedicar medio o un día entero por mes sólo y exclusivamente a pensar el contenido del mes siguiente, que estar todos los días pensando en eso a cada rato. Incluso podrías tomártelo como un día especial por mes, fuera de la rutina de tu emprendimiento, donde por ejemplo te vas a algún lugar que te inspire a pensar todas esas ideas creativas que querés crear para tu marca.

Por supuesto algún que otro mes quizás surge un imprevisto y tengas que cambiar de día, pero tenerlo ya agendado, te va a obligar a ver que lo estás moviendo y pensar, antes de hacerlo, o por lo menos asignarle otro momento.

3- Desorden en tus números

El tercer desorden más común que veo, muchas veces porque directamente brilla por su ausencia, es en el control de los números de nuestro negocio. Personalmente estoy convencido que para llevar un negocio, hacerlo rentable, escalarlo y vivir de eso, no existe la posibilidad de convencernos a nosotros mismos que "somos malos con los números". Si es así, tenemos que aprenderlo, así como le dedicamos horas a aprender a hacer historias en Instagram, tenemos que dedicarle tiempo a aprender sobre las distintas facetas que tiene un negocio, y una de esas facetas son "Los Números". Porque un negocio sin números no es un negocio y si no vencemos esa barrera interna que nos limita vamos a sufrir un gran impacto en nuestra operación diaria y esta es una de las cosas que más problemas nos puede traer.

Como dueños de nuestro negocio, tenemos que saber cuánto estamos facturando cada mes y en qué, cuáles son nuestros productos o servicios que más ganancia nos dejan y cuáles los que menos, qué costos tenemos y en qué estamos gastando o invirtiendo nuestra plata exactamente. Debemos conocer al detalle nuestras métricas.

No podemos ignorar los números pero pretender vivir de nuestro negocio, porque no funciona así.

¿Cómo sería un proceso de números desordenado?

Si no llevas ningún tipo de control de tus ventas, costos y/o ganancias, no conoces el costo de adquisición de nuevos cliente, no conoces tus costos operativos.

O si a lo mejor lo llevas pero en papel, cuando te acordás de anotarlo y todo por lugares separados, que a veces ni te acordás donde escribiste.

O si llevas un control más organizado, pero no lo revisas nunca para sacar conclusiones y tomar decisiones. Porque la magia de mirar los números, es que deberían ayudarnos a tomar decisiones.

Viendo y analizando todos nuestros números todos los meses puedo detectar que hay un producto o servicio que está funcionado mucho mejor, o que hay un costo que se me disparó por el techo y tengo que enfocarme en encontrar una alternativa o que hay un servicio que me está llevando muchas más horas de las que tenía contempladas, con lo cual voy a tener que subirle los precios o bajarle las horas, para que sea rentable. Todas esas son decisiones que nos ayudan a potenciar lo que está funcionado, ajustar lo que no y poner nuestro tiempo en los lugares que más sentido tienen para crecer. Y todo eso es gracias a mirar los números.

¿Cómo podrías ordenar tus números?

¡Empezando! El primer paso acá es el más difícil. Porque si hoy no tenés ningún número claro, es normal que sientas la tarea difícil y grande, y la tentación de dejarlo para otro momento. Pero cuanto más tiempo dejes pasar y más acumules esos números sin mirarlos, peor va a ser. Así que lo más importante es empezar, aunque sea con un primer paso bien simple.

Quizás, si hasta ahora no venís llevando ningún registro de números, el primer paso es empezar a llevar un control de tus costos. Anotar absolutamente TODO lo que gastas para hacer cada producto o brindar tus servicios, y cuántas horas reales te lleva. Desde la compra de la materia prima, hasta la impresión de la tarjetita que pones en la bolsa, asegurarte de llevar un control exacto de todos esos costos y horas.

Si usas alguna plataforma de tienda online, probablemente las ventas ya las tengas registradas de forma más automática. Pero sino, lo mismo que con los costos, empezar a llevar un registro de lo que vendes cada día, para poder analizar toda esa información a cierre de cada mes y hacer un análisis más detallado a cierre de año, para tomar decisiones a futuro.

Una vez que ya te sientas cómodo llevando el control de los números (que puede llevarte un tiempo, así que tenete paciencia pero hacerlo!), el próximo paso sería no solo controlar lo que pasó, sino además proyectar lo que querés que pase. ¡Y ahí es cuando los números se empiezan a volver más poderosos!

Para mí, cuando nos planteamos con seriedad crecer con nuestro negocio, es indispensable que eso lo transformemos en números: objetivos concretos de ventas, inversión y ganancia, que podamos medir después contra la realidad y ver si lo que estimamos se está dando o no.

4- Desorden en tu administración del tiempo y objetivos

Por último, la sensación de desorden general la podemos sentir si lo que está desordenado es nuestro manejo de cada día. Si, por ejemplo, nos levantamos y vamos haciendo lo primero que se nos cruza por el camino, la primer urgencia que nos llega al mail o el primer pedido que nos hace otra persona; sin dedicar nada de tiempo a definir qué queremos y qué necesitamos.

Muchas veces este desorden en el día a día es consecuencia de los desórdenes anteriores, y una vez que ajustes eso, esto se puede acomodar también. Pero a veces, más allá de ordenar todo el resto, también tenemos que entrenarnos y enfocarnos nosotros mismos a trabajar mejor.

Creo que gran parte del desafío de trabajar independientes, es que eso no sea sinónimo de caos absoluto.

Que no haya reglas impuestas por otras personas, no quiere decir que nosotros no nos podamos fijar nuestras propias reglas, para trabajar de forma más eficiente y enfocando mejor nuestro tiempo, en las cosas que realmente nos importan y más impacto pueden generar en nuestro crecimiento.

¿Cómo sería un día a día desordenado?

Si empezás a trabajar cada día con lo primero que tenés anotado en tu "lista de pendientes" o lo que se te cruza por la cabeza, sin tomarte un tiempo previo de reflexión y armado (en papel) de tu día.

Si previamente no te planteaste objetivos claros a corto, mediano y largo plazo que te permitan mantener un rumbo y no perder el enfoque, entonces te levantas cada día sin tener bien claro para donde ir, que hacer o por dónde empezar.

Si sentís que la mayoría de los días se te pasan apagando incendios o urgencias que a lo mejor no son prioritarios, pero pasan los días, las semanas y los meses y nunca parece haber tiempo suficiente para hacer esos grandes planes que tenés en la cabeza y cumplir los objetivos que te planteaste (Si es que te planteaste Objetivos).

O si termina el día y la mayoría de las veces te queda la sensación de no haber hecho nada muy productivo.

…esos son días desordenados.

¿Cómo podrías ordenar mejor tu día a día?

Acá volvemos a una de las palabras mágicas para manejar un negocio: **"planificación"**, planificación del tiempo, de las prioridades y de los objetivos. Así como planificamos nuestro año, sería ideal planificar también cada mes, cada semana y cada día.

Sé que cuando digo esto, probablemente pienses ¡pero me la voy a pasar planificando en lugar de haciendo! Pero te aseguro que, con una hora que le dediques cada semana a planificar la semana siguiente, y 20 minutos cada día (antes de empezar con nada!), las horas que te vas a ahorrar perdidas por tratar de avanzar sin orden ni foco, **¡no tienen precio!**

Mi sugerencia es que, cada día, antes de empezar con nada (antes de leer los mails, antes de entrar a Instagram, antes de ver si entró algún pedido, ¡literal antes de nada!) te sientes 20 minutos a repasar tu día y escribir en papel o donde más te guste, a qué vas a dedicarle tu tiempo ese día. A algunas personas les funciona hacerlo el día anterior, antes de irse a dormir, ¡probá lo que mejor te funcione a vos!

Esto no es lo mismo que la famosa "lista de pendientes" o "to do". Porque lo que suele pasar con esa lista, es que vamos anotando ahí TODO lo que se nos va cruzando por la cabeza que "tenemos que hacer", pero sin ningún orden ni lógica, y terminamos con una lista eterna de puntos que nos estresa más de lo que nos ayuda. Esa lista no nos ayuda a optimizar el buen uso del tiempo, no nos fija prioridades y no necesariamente refleja nuestros objetivos. Está perfecto ir anotando todos los pendientes en un mismo lugar para no olvidarnos, pero esa no debería ser la lista que dirija tu día a día.

Lo que yo hago, y te recomiendo hacer, cada día en estos 20 minutos que le dedico a planificar el día, es leer la lista completa y elegir cuáles de esos puntos voy a hacer ese día en base a las prioridades y la importancia, en qué orden y qué cantidad de tiempo le voy a dedicar a cada uno. **¡El orden, la prioridad y el tiempo son muy importantes!** Esto nos ser realistas con lo que podemos abarcar en un día.

Al definir, desde antes, cuánto tiempo le vamos a dedicar a cada actividad, ya sabemos desde el inicio del día qué cantidad de cosas vamos a poder cubrir ese día, en lugar de pretender hacer diez, terminar haciendo dos y yéndonos a dormir completamente frustrados.

Al principio quizás estimar ese tiempo te cueste un poco más y no sea exacto, pero ya vas a ver que a medida que lo haces todos los días, te volvés muy bueno en definir el tiempo que te lleva cada cosa y el tiempo que querés que te lleve.

¡Y acá algo muy importante! Para todos los colgados que les cuesta enfocarse y se dispersan muy fácil... Escuchame bien.. en los 20 minutos que dediques a planificar tu día, no empieces a hacer nada. Algo muy común es que cuando estamos anotando "hoy tengo que contestar este pedido", inmediatamente abrimos el mail y nos ponemos a contestarlo, en lugar de terminar de planificar todo el resto de las cosas que queremos hacer ese día. Estos 20 minutos son de planificación, son para que puedas ver todo tu día completo y dónde vas a estar poniendo tu tiempo. Recién te ponés a hacer el primer punto, una vez que hayas terminado de planificar todo. Para que, cuando veas todo el pantallazo junto, puedas tomar decisiones antes de ponerte a hacer, y sobre todo, para no avanzar en piloto automático cada día con lo primero que se te cruza por el camino.

Todos estos cambios implican algún tipo de cambio de hábito o mentalidad. Con lo cual va a implicar un esfuerzo para salir de la zona de confort o de la inercia de seguir haciendo todo igual a como estamos acostumbrados.

Quizás implique salir del modo "no soy bueno con los números" y pasar al modo "quiero aprender a manejar las finanzas de mi negocio".

O salir del modo "es que soy un desastre organizándome" y pasar a "hoy voy a probar cómo es esto de planificar 20 minutos antes de empezar".

O pasar de "mi negocio es diferente y no se puede estandarizar nada" a "me voy a sentar, voy a pensar realmente el paso a paso a conciencia y ahí voy a decidir qué tendría sentido estandarizar".

O del modo "para mí es imposible planificar los objetivos con un mes de anticipación" al modo "si me dedico un día específico para eso, seguro pueda hacerlo y además puede ser divertido!"

Yo estoy convencido que estos cambios son de las cosas más importantes que podemos implementar como emprendedores.

Porque, aunque trabajemos solos o no, no quiere decir que tengamos que trabajar sin foco, sin rutinas, sin sistemas y en total desorden. Solo significa que es nuestra responsabilidad crear esas rutinas, sistemas y procesos para trabajar de una forma más inteligente, aprovechando mejor cada hora que invertimos y potenciando así el impacto que somos capaces y tenemos el potencial de generar con lo que estamos haciendo.

Dicho esto, a continuación te voy a dejar siete de las herramientas que considero importantes y fundamentales para lograr pasar del desorden y el caos, a pasar a estar en foco en cuerpo y mente con tus objetivos. Estas herramientas te van a ayudar a establecer tus objetivos, administrar mucho mejor tu tiempo, potenciar tu productividad y transformar tu mentalidad (Mindset).

¡Vamos!

SEGUNDA PARTE - "Las 7 Herramientas"

Herramienta #1 – El Secreto Oculto del 80/20: Cómo Multiplicar Tu Productividad con Menos Esfuerzo

La productividad es más que hacer las cosas. Se trata de elegir el camino correcto y luego dar unos pequeños pasos todos los días.

Cuando comenzás tú la mañana, ¿qué es lo primero que haces? La mayoría de las personas toman un café, revisan el email y comienzan su día. Pero ¿recordás lo que te contaba en el capítulo anterior sobre tomarse unos 20 minutos y planificar? Una de las tareas dentro de esos 20 minutos era priorizar las tareas para el día. **¿Pero qué técnicas utilizas para identificar qué hacer primero?**

Una herramienta que se fue haciendo popular hace ya un tiempo es la aplicación del principio o ley de Pareto, también conocido como la regla del 80/20. Esta permite determinar y priorizar las tareas de mayor impacto a fin de que puedas aumentar la productividad a lo largo del día.

Entonces, ¿qué es exactamente la regla 80/20?

Te cuento… este principio se basa en la idea de que la mayor parte de los resultados en cualquier situación pueden atribuirse a un pequeño número de causas.

En los números significa que aproximadamente, el 80% de tus resultados provienen del 20% de tus acciones. La investigación de Pareto mostró una relación 80/20, pero obviamente esto no es absoluto, en muchos casos esta relación puede ser aún mayor, hasta proporciones de 99/1.

Realmente no importa qué números apliques, lo importante es entender que el principio de Pareto demuestra que trabajar duro no lo es todo, sino que además debemos trabajar inteligentemente. La premisa detrás de la regla del 80/20 es que dedicamos poco tiempo en las actividades de mayor impacto. Por lo tanto, identificar tu 20% más productivo te ayudará a saber hacia dónde tenés que dirigir tus esfuerzos.

La clave de este principio está en tratar de pasar más tiempo en el 20% más importante, y menos tiempo en el 80% que no agrega mucho valor a tu día.

¿Dónde se origina el principio de Pareto?

El economista y filósofo italiano Vilfredo Federico Pareto lo enunció por primera vez en 1896, basándose en el denominado conocimiento empírico. Pareto observó que el 80 % de las tierras en Italia eran propiedad de solo el 20 % de la población. Un día se dio cuenta de que esto también sucedía con las plantas de su jardín: el 20 % de sus plantas producían el 80 % de la fruta que consumía. Esta relación se explica mejor matemáticamente como una distribución de ley de potencia entre dos cantidades, donde un cambio en una da como resultado un cambio relevante en la otra.

Si te pones a Googlear, te vas a dar cuenta que se usan muchos nombres para describir este fenómeno:

- Principio de Pareto
- Regla 80/20 (más común)
- Ley de los pocos vitales
- Principio de escasez de factores
- Ley de Pareto

La regla 80/20 o regla de Pareto no es una ecuación matemática formal, sino más bien un fenómeno generalizado que se puede observar en la economía, los negocios, la gestión del tiempo e incluso los deportes, resumiendo el tema, en casi cualquier ámbito de la vida.

Si bien se puede usar en casi todos los sectores que se te ocurra, el principio de Pareto se aplica comúnmente en el mundo empresarial: emprendimientos, negocios y economía, porque es útil para determinar dónde se deben centrar los esfuerzos para maximizar la productividad.

Como hablamos antes, el principio de Pareto establece que el 80 % de los resultados provienen del 20 % de las acciones. Entonces, volviendo a los 20 minutos para planificar, separa todo tu trabajo del día en partes o tareas más pequeñas, y aplicando el principio de Pareto, identifica cuáles son las más relevantes y sobre esas tareas o partes es donde tenés que poner el foco de tu día para lograr un buen resultado.

¿Se aplica este principio a tus ingresos?

Sí obviamente. Hay un puñado de actividades que realizas cada semana que producen la mayor parte de tus ingresos. Sin embargo, creo que tu **felicidad** y satisfacción general son variables mucho mejores para enfocarse.

Por ahora, tu bienestar general es la principal preocupación, y si lo haces bien, es probable que el éxito financiero te siga.

Descubrí cómo poner en práctica el principio de Pareto con estos ejemplos.

Productividad

Si bien ya hablamos de cómo tomarnos unos 20 minutos al día para planificar, vamos a ver en más detalle cómo usar la regla 80/20 para priorizar tus tareas diarias y aumentar tu productividad.

El objetivo es que, de toda tu lista de tareas diarias, al finalizar el 20 % logres el 80 % del impacto que puedes generar ese día. Entonces, para alcanzar el mejor resultado, identifica qué tareas tienen el mayor impacto para el equipo y centra tu atención y foco en ellas.

Primero, escribí una lista de todas las actividades que necesitas hacer ese día. Luego, determina cuáles tienen el mayor impacto. ¿Alguna de las tareas implica colaborar o trabajar con alguien más ? ¿Alguna impide que los proyectos avancen o que algún objetivo no se pueda alcanzar ? Estas tareas pueden ser fáciles de realizar, pero quizá tienen un gran impacto en el resto de la gente que trabaja con nosotros o nuestros clientes, ya que permiten que el proceso siga fluyendo o no. Cuando comiences a organizar las tareas de tu día a día de esta manera vas a notar poco a poco como tu tiempo parecería que rinde mucho más, pero no es que el tiempo rinde más, es que comenzaste a ser mucho más productivo.

Solución de Problemas

Con el principio de Pareto podes tomar las mejores decisiones durante el proceso de solución de problemas. Cuando descubrís que aparecieron muchas causas diferentes para un mismo problema, aplicar el principio de Pareto te va a ayudar a priorizar las soluciones posible y funciona de esta manera:

1. Identificá los problemas de tu emprendimiento, es decir, aquellos que queres resolver con este proceso de toma de decisiones.
2. Determiná que provoca estos problemas (Origen) a fin de encontrar todas las causas que los generan.
3. Clasificá los problemas en grupos afines. Si algunas de las causas pueden pertenecer a categorías similares, aprovecha esta oportunidad para agruparlas, así sabrás si una solución puede resolver varios problemas.
4. Asigná un valor a cada problema en función del impacto en el negocio. El valor puede ser tan simple como un número entre 1 y 10, o un valor monetario real para conocer su importancia.
5. Desarrollá un plan para centrarte en aquellos problemas de tu emprendimiento que están en el 20 % superior. La idea es que una solución te permita resolver varios problemas. Según los valores que asignaste a cada uno, calcula cuáles se encuentran en el

20 % superior. Ahora que sabes cuál es el problema principal, implementa estrategias de resolución de problemas como ser:
  a. Prueba y error (identifica la causa del problema y luego prueba rápidamente las posibles soluciones para ver si se produce algún cambio)
  b. Los 5 porque (Empezas preguntando una vez: "¿Por qué ocurrió este problema?". Después de responder el primer "por qué", volvés a preguntar: "¿Por qué sucedió eso?". Haces esto cinco veces hasta que podas atribuir el problema a una causa origen).
  c. Análisis FODA (Fuerza, Oportunidad, Debilidad, Amenazas) para elaborar un plan y obtener una solución que tenga consecuencias en el 80 % de los resultados obtenidos.

Toma de decisiones

Imaginate que trabajas en una empresa de comercio electrónico y al analizar 100 de las quejas de atención al cliente más recientes, observas que la mayoría se debe a que los clientes reciben productos dañados. El equipo calcula la cantidad de reembolsos otorgados por productos dañados y descubre que representan aproximadamente el 80 %. La empresa quiere prevenir estos reembolsos, y encontrar una solución se convierte en la principal prioridad.

El equipo decide mejorar el empaque para proteger los productos durante el envío y así se resuelve el problema.

Ventajas de la regla 80/20

Como ya te lo mencione varias veces, la principal ventaja de utilizar el principio de Pareto es que te permite generar el mayor impacto con el menor esfuerzo. Así, vos y tu equipo pueden trabajar de manera más eficiente y mantenerse enfocado en iniciativas específicas.

La regla 80/20 también puede ayudarte a aumentar las métricas en menos tiempo al priorizar las iniciativas en el orden correcto.

Estos son otros beneficios del principio de Pareto:

- Prioridades claras para vos y tu equipo
- Mayor productividad diaria
- Capacidad para dividir el trabajo en grupos de tareas más simples
- Estrategia más enfocada

Desventajas de la regla 80/20

Muchas personas suelen interpretar erróneamente el principio de Pareto y creen que con un 20 % de esfuerzo pueden lograr el 80 % de los resultados, pero no es exactamente así. Estos porcentajes no hacen referencia a la cantidad de esfuerzo, sino a las causas y consecuencias. El objetivo no es minimizar el esfuerzo, sino centrarlo en un aspecto específico del trabajo para lograr un impacto mayor. Aún tenes que poner el 100 % de esfuerzo en ese 20 % para lograr el 80 % de los resultados.

Otra desventaja de la regla 80/20 es que a veces puedes centrarte demasiado en una tarea y pasar por alto totalmente otras. Si solo te enfocas en las actividades clave y dejas de lado otras, como el email y los mensajes, podes perderte cosas importantes. El desafío es encontrar el equilibrio óptimo entre aplicar la regla 80/20 y realizar el resto de las tareas, incluso si no obtienes el 80 % de los resultados. Para lograrlo, podes implementar técnicas como el **Timeboxing** o el método **Getting Things Done (GTD).**

Usá este principio para dar forma a tu vida

El mensaje es bastante simple: **concentrate en actividades que produzcan los mejores resultados para vos.** Y esto se aplica a todas las facetas de nuestra vida.

¿No estás seguro de cómo empezar? Solo hay dos pasos críticos:

1. Identificá y anotá las tareas o actividades más importantes / agradables / valiosas (las que tienen el mayor impacto en tu negocio y tu vida)
2. Concentrate como loco en estas tareas.

La Regla 80/20 puede ser malinterpretada:
No significa simplemente trabajar menos porque dejas de hacer lo que no haces bien. Debes hacer foco en las actividades más importantes con concentración aguda. Así es como se obtiene el máximo rendimiento por menos tiempo trabajado. También debes asegurarte de que aquellas tareas que no son aún tu punto fuerte (pero que son obligatorias para obtener un resultado), se realicen de alguna otra manera o por alguna otra persona.

Cómo usar esta regla para ganarte la vida con lo que te apasiona

Un obstáculo para muchas personas es descubrir cómo ganarse la vida con lo que realmente disfruta y le apasiona. En estos años fui escuchado muchas veces decir que "Trabajar en algo que nos apasiona, No es un trabajo..." ¿vos que pensás? Respiremos hondo y tomemos un momento para centrarnos en este tema.

Probablemente la mayoría de las personas que están leyendo este libro aspiran a desarrollar un emprendimiento o ya tienen su empresa y no solo quieren lograr el éxito sino que además quieren ser felices y millonarios… Si pensamos, pensamos en grande no ¿?. También es muy probable que tengan una relación de dependencia, vayan a la oficina todos los días, y me animo también a decir, que puede que no les guste mucho su trabajo actual, y por esa razón usan su tiempo libre fuera de horario para poner en marcha "El negocio de sus sueños".

Quiero decirte que **NO** estas solo. La mayoría de las personas en el mundo trabajan en lugares que no les gustan y solo viven realmente sus pasiones los fines de semana y fuera de las horas de trabajo. Solo un pequeño grupo de afortunados o bendecidos, realmente vive sus pasiones día tras día, cómo ellos quieren y cuándo ellos quieren.

Si deseas convertirte en parte de este grupo y vivir de tus pasiones **en tus propios términos**, hay algunas cosas que podes empezar por hacer:

Encontrá tus pasiones

Lo primero que tenés decidir o en algunos casos "descubrir", y este es a menudo el paso más difícil, es: qué es exactamente lo que te apasiona. Algunas personas pueden responder a esta pregunta fácilmente y super rápido:

- *"Quiero ser un famoso pianista/cantante/poeta/autor",*
- *"Me gustaría dirigir mi propia agencia de marketing/ cafetería / empresa de publicidad"*

Otros pueden tener una idea general como:

- *"No quiero un trabajo diario no quiero depender de nadie"*
- *"Quiero dirigir mi negocio"*

pero los detalles aún no están ordenados.

Si no estás seguro de cuáles son tus pasiones, lo más importante que podes hacer en este momento es comenzar a experimentar y buscar para resolverlo. No te duermas y comenzá con algo.

Para la mayoría de nosotros, es fácil determinar lo que NO nos gusta, así que hay que seguir experimentando hasta que encontremos lo que SÍ nos gusta y a partir de ahí, analizar si es realmente algo que me apasiona y si estaría dispuesto a emprender y ganarme la vida con esa pasión.

Preguntate esto: ¿Por qué quiero esto? ¿Esto me permite disfrutar más de la vida y seguir mi pasión?

El **principio 80/20** se trata de tener estas cosas HOY, gastando más de tu tiempo en cosas que disfrutas o que te dan satisfacción, en lugar de tratar de ganar dinero para que puedas hacer estas cosas MÁS TARDE.

Una vez que vives tu pasión y haces tus mejores actividades con más frecuencia, es más probable que llegues al objetivo que deseas, porque creas más y proporcionas más valor para otras personas.

Cambiá tu forma de pensar de consumidor a productor

Ok, tenes una pasión....Buenísimo ! ¿y ahora qué? La mayoría de los humanos son buenos consumidores. Lo más probable es que puedas hacer fácilmente un montón de cosas que disfrutas de tu vida: comer en buenos restaurantes, leer libros y revistas, ir a fiestas, viajar, ver películas, escuchar música, ir de compras, etc. Todas estas actividades implican más o menos **el consumo**, lo que significa que consumís los productos de otras personas.

Podes considerar las actividades que acabo de mencionar pasiones, pero es difícil encontrar una pasión sostenible si todo lo que haces es consumir.

Para fomentar un estilo de vida 80/20, debes ubicar actividades en las que tu pasión implique **producir cosas para que otros las disfruten.**

Sí, te pueden pagar por ver películas, comer en restaurantes y escuchar música, pero es probable que te pidan que proporciones algo como parte de tu participación: esa es tu producción, el valor que crea.

Está bien amar comer en restaurantes y afirmar que tu pasión es la comida, si tu intención es también crear resultados al comenzar tu propio restaurante, o un sitio web de reseñas de restaurantes o un boletín informativo o revista o convertirte en chef.

Si te gusta escuchar música, también podes disfrutar produciendo tu propia música o cubriendo la industria de la música como periodista en tu propio blog o tus redes sociales.

Solo generando **"Producción"** para que otras personas disfruten o usen, podes esperar converger una pasión en un ingreso sostenible.

Cambiá tu relación pasión/trabajo

Muchas personas trabajan a tiempo completo y trabajan después de horas en un negocio o pasatiempo o talento creativo. Si ese sos vos, sospecho que tu proporción no es 80/20 y probablemente más este más cercana a 20/80.

Si además pasas demasiado tiempo en un trabajo que no te gusta, probablemente no estés muy motivado para hacerlo bien, y para cuando llegas a tu casa estás demasiado agotado para dedicar tiempo a tu pasión y tu emprendimiento. Tenes que comenzar a cambiar esas proporciones. Reducí la cantidad de tiempo que pasas en un trabajo que no te gusta y aumenta la cantidad de tiempo que le dedicas a tu emprendimiento.

Seguramente me vas a decir que no puedes hacer eso porque necesitas el dinero, pero sospecho que realmente no necesitas tanto como crees que necesitas.

No estoy diciendo que tengas que vivir como un pobre, pero sé que tu verdadera felicidad proviene de pasar tiempo haciendo las cosas que más disfrutas, no de ganar más dinero en un trabajo que odias.

Perseguir el dinero por el bien del dinero no funciona. Además, perseguir la pasión a menudo conduce a un mayor ingreso porque la calidad de tu producción es mucho mayor. Enfoca tu energía en aumentar tus fortalezas principales y muy pronto vas a cosechar las recompensas.

Ahora que estás convencido de que necesitas centrarte en tus tareas de mayor valor o impacto, vamos con el resto de las herramientas que seleccione para ayudarte a descubrir como enfocarte en tu éxito.

Sigamos…

Herramienta #2 – Rompé las Cadenas: Supera las Barreras que Frenan Tu Negocio

"Identificá la única cosa que te detiene y elimínala "

El Dr. Eliyahu Goldratt es el creador de la Teoría de las Restricciones o **TOC** (Theory Of Constraints). Desde 1975 ha trabajado continuamente en las reglas, conceptos y herramientas para lo que se conoce como un verdadero proceso de mejora continua.

La Teoría de las Restricciones ha sido fundamental para el éxito de muchos negocios en Internet y publicación en redes sociales. Funciona increíblemente bien porque simplifica la vida, especialmente cuando comenzás a pensar en **restricciones** que se alinean con objetivos específicos, en ese instante dejas de pensar en todas las posibilidades y simplemente haces el trabajo.

Esto es importante cuando sos un emprendedor, porque a menudo te ahogas en el estrés causado por tu propio potencial. Ves demasiadas opciones y terminas sin hacer mucho de nada. La Teoría de las Restricciones resuelve este problema.

¿Qué es la teoría de las restricciones?

La **TOC** dice que hay un número muy pequeño de restricciones que limitan el logro de los objetivos. El proceso de **TOC** busca identificar estas limitaciones.

Como ya te lo mencione hasta el cansancio, recordá que la Regla 80/20 establece que solo unas pocas acciones son responsables de la mayoría de los resultados. Basado en esto, podes deducir que debes cambiar la mayor parte de tu enfoque a esas acciones.

La TOC te ayuda a averiguar exactamente qué acciones tomar porque te obliga a revisar lo que estás tratando de lograr y lo que te impide hacerlo.

Las actividades que debes realizar son aquellas que eliminan o "abren" las restricciones y, por lo tanto, se convierten en tus principales trabajos del 20%, que son los responsables del mayor rendimiento.

¿Cómo aplico la teoría de las restricciones?

Para cualquier cambio que quieras hacer en tu vida, hay tres pasos clave:

Obtener claridad sobre lo que quiero

Por lo general la mayoría de nosotros solemos ser muy buenos en el primer paso. Cada vez hay más personas que motivadas por las redes sociales, quieren ganar $ 5,000 dólares (o más) al mes comenzando un negocio online para así de esta manera, poder renunciar a su trabajo actual y comenzar con su emprendimiento. Por ejemplo, este es un objetivo bastante razonable, uno que tiene resultados tangibles que podemos medir y algo que otras personas ya han hecho, por lo que tenemos ejemplos de los que podemos aprender.

Comprender el sistema que voy a utilizar para conseguirlo

El siguiente paso es investigar cómo lograr este objetivo, descubrir tus opciones y elegir la mejor para ti. Aquí estás buscando formar una comprensión macro o a vista de pájaro del sistema que vas a construir.

Ejecutar el sistema en orden

Luego solo tenés que seguir los pasos (ejecutar) hasta que logres lo que queres. Esto es cuando haces zoom y ejecutas las actividades del día a día. Parece fácil, ¿verdad? Bueno, no del todo. La ejecución es donde se desmoronan muchos planes bien trazados.

La mayoría de las personas fracasan debido a **la falta de ejecución**, no por la falta de conocimiento de lo que debe ejecutarse.

Aquí es donde la Teoría de las Restricciones puede ser realmente útil. Podes usarla para determinar **lo que falta** para avanzar en cada paso. Tu trabajo es entonces ir tan atrás como sea necesario para resolver el problema que te impide completar el siguiente paso, y así sucesivamente. Permítanme explicarlo con un ejemplo del negocio de un amigo...

Ejemplo: Lanzamiento de un producto de capacitación Online.

La Teoría de las Restricciones entra en juego cuando ciertas cosas deben desarrollarse antes que otras, como cuando estás haciendo el lanzamiento de un producto para lanzar un nuevo programa de capacitación Online. Durante el primer lanzamiento del producto, se quería reclutar afiliados, que promocionarían el nuevo curso sobre diseño de páginas Web a cambio de una comisión del 50% de las ventas. Tenía un blog y una lista de correos electrónicos, por lo que la restricción no era llegar a posibles afiliados. Podía enviar un correo electrónico y tener gente lista para comenzar. El problema fue la falta de una solución de software que proporcionara visibilidad sobre los correos enviados y rastreara las ventas, además se necesitaba "Landing Page" para que los afiliados pudieran registrarse y por último poder administrar el pago de las comisiones por venta.

Entonces se determinó el proceso que se necesitaba seguir para completar el objetivo del programa de afiliados, y fue el siguiente:

El resultado deseado:

1. Programa de afiliados con afiliados registrados y listos para comenzar el curso.
2. Seleccionar el software para ejecutar el programa de afiliados
3. Instalar el software
4. Configurar el software con herramientas de afiliados como banners y enlaces de texto.
5. Probar los enlaces de afiliados para asegurarse de que rastrea las ventas y distribuye las comisiones
6. Enviar invitación a los afiliados por correo electrónico y blog.

Si miras ese proceso, es lo suficientemente sencillo. Sin embargo, ocultas dentro de eso, hay algunas restricciones. De hecho, tan pronto como mi amigo llego al paso dos, se encontró con una restricción grande.

Aquí están las limitaciones y el orden que El necesito para resolverlas:

Las limitaciones:

1. No soy bueno instalando software, por lo que primero necesito contratar a una persona de tecnología que confíe en la configuración de programas de afiliados.
2. No soy bueno diseñando banners, así que necesito subcontratar a un diseñador de banners para crear mis herramientas promocionales.

El primer trabajo entonces se convirtió en **contratar a una persona de tecnología** y luego **subcontratar a un diseñador de banners**. Al mismo tiempo, investigar las opciones de software para manejo de afiliados disponibles, así que ni bien encontró a la persona de tecnología adecuada, le pidió seleccionara y que instalara la plataforma de software para el manejo de afiliados y luego la configure con los banners que fueron creados por el diseñador de Banners.

Esto puede parecer una explicación simple, pero es increíblemente importante desglosarlo así.

Tené en cuenta que el "Programa de afiliados" es solo un objetivo en el lanzamiento de un producto. Hay muchas más cosas que deben hacerse para prepararse para un lanzamiento, como diseñar el contenido del lanzamiento, configurar un carrito de compras y una pasarela de pago, elegir un sistema de servicio al cliente, etc.

Al dividir cada componente en un objetivo, luego cada objetivo en un proceso, luego cada proceso en restricciones, sabes exactamente en qué trabajar cada día.

Leyendo mi ejemplo, podrías estar pensando que, si tuvieras que pasar por este proceso, el problema sería la falta de fondos para pagar a la persona de tecnología para instalar el software. Esa es solo otra **restricción**: es lo que te impide dar el siguiente paso.

Si el dinero fuera tu primera restricción en el proceso, entonces tu tarea inmediata sería obtener fondos. Eso podríamos lograrlo a través de aportes de tu salario actual, realizar un trabajo extra, vender un activo, pedir prestados fondos o cualquier medio que tengas para ganar dinero y eliminar de esta forma la restricción.

La belleza del TOC es que solo ves las cosas como problemas que necesitan ser resueltos. Vas tan atrás como necesites para encontrar el problema raíz, luego avanzas resolviendo problemas a medida que avanzas.

Limitaciones emocionales

La dura verdad es que a menudo sabemos cuál es la principal limitación que está deteniendo nuestro éxito, pero debido a que es difícil, o no nos gusta el trabajo que hay que hacer, o tenemos miedo, lo posponemos.

Luego culpamos a todo tipo de cosas por detener nuestro éxito, incluso cuando tan a menudo solo hay **una o dos cosas que deben hacerse para comenzar a rodar la pelota.**

En mi experiencia, muchos no logran que suficientes personas presten atención a lo que están haciendo. Esta puede ser su mayor limitación también: **la falta de audiencia comprometida.**

La falta de audiencia es un gran concepto y no la restricción. La verdadera restricción es lo que NO estás haciendo en este momento que te ayudaría a incrementar tu audiencia.

Hay tantos recursos para aprender cómo impulsar el tráfico o cómo comercializar una pequeña empresa que el conocimiento no es una excusa. Tiene que haber otra razón por la cual nos frenamos, y probablemente tenga mucho más que ver con algún tipo de **creencia limitante.**

"...Una brecha de conocimiento o habilidad generalmente no es una restricción, o al menos no es una que dure mucho tiempo porque puede contratar ayuda o aprender a hacer algo. La verdadera restricción es cualquier condición emocional que te impida hacer el trabajo..."

Tuve mucho miedo de hacer el lanzamiento de un producto, lo que me llevó a mucha **procrastinación.**

Pasé casi un año "preparando" un libro electrónico que nunca publiqué. **¿Por qué?** Porque me sentía cómodo haciendo otras cosas y obteniendo un ingreso lo suficientemente bueno como para quedarme en mi zona de confort.

Como te conté al comienzo, una vez que llego la pandemia de Covid-19 y mis ingresos pasivos se destruyeron y mis ahorros se esfumaron, tuve la suerte que aparecieron algunos mentores y me dieron una patada anímica y verbal para señalar la gran oportunidad que estaba perdiendo, finalmente me comprometí a avanzar con todos mis proyectos, a lanzar mi propio producto, dando un paso adelante y luego otro. La restricción no era ninguno de los pasos de creación de proyectos o la creación del producto, **la restricción era yo.**

Eliminando restricciones con la Teoría de las Restricciones

Una vez que hayas identificado una restricción, la siguiente fase es eliminarla o, al menos, mitigar su impacto en el flujo de trabajo. La TOC sugiere varias estrategias para lograrlo:

Aumentar la capacidad de la restricción:
Podes invertir en recursos adicionales, como personal o equipos, para aumentar la capacidad de la restricción y eliminarla como cuello de botella.

Reducir la demanda:
Si no puedes aumentar la capacidad de la restricción, es posible trabajar para reducir la demanda que la afecta ajustando horarios de producción o promociones.

Mejorar la eficiencia:
Optimiza los procesos relacionados con la restricción para que sea más eficiente y pueda manejar una mayor carga de trabajo.

Reevaluar regularmente:
Las restricciones pueden cambiar con el tiempo, así que es importante revisar periódicamente el flujo de trabajo y ajustar tus estrategias en consecuencia.

Máximo apalancamiento con enfoque láser

En mi experiencia, la Teoría de las restricciones me ayuda a enfocar y profundizar mis objetivos generales en pequeños problemas, y luego me guía hacia soluciones paso a paso para resolver estos problemas.

Usando el desglose de objetivo a proceso y de proceso a restricción, pasas de los resultados generales hasta lo que necesitas hacer hoy.

Cuando combinas eso con la Regla 80/20, tenes una fantástica combinación de principios que te ayudan a sacar el máximo provecho de tu vida a través del logro rápido de metas.

El único ingrediente clave que falta en este proceso es cómo maximizar la ejecución de cada tarea una vez que tengas una claridad absoluta de lo que se debe hacer.

En otras palabras, **¿cómo haces para asegurarte de que realmente haces el trabajo?**

La tercer herramienta que me gustaría compartir con vos es el concepto de **"Sprint"**.

A continuación, te voy a explicar cómo podes usar Sprints para aumentar tu producción …

Herramienta #3 – Corre Hacia el Éxito: Cómo los Sprints Cortos Transformarán Tu Productividad

"La técnica que todo emprendedor debe usar"

En los capítulos anteriores hicimos hincapié en la importancia de estar muy centrados. Ahora aprenderemos una técnica que te ayudará a seguir adelante con tu nueva apreciación por el enfoque intenso.

¿Qué es un Sprint?

Un **Sprint** es un término mayormente utilizado en el desarrollo de software y en administración de proyectos en general. Es donde te enfocas en una tarea u objetivo central, que puedes completar en un corto período de tiempo. Esencialmente "corres" hacia el resultado, sin tener en cuenta todo lo demás durante ese tiempo.

Hay otro término que va de la mano con el concepto Sprint conocido como **"Epic"**. Una Epic también es un objetivo, pero es demasiado grande para hacerse en un marco de tiempo de sprint. Requiere más tiempo y recursos para hacerlo, por lo tanto, es una empresa más *épica*.

Generalmente, para completar un proyecto, pasas por varios sprints.

Para ayudarte a comprender cómo descubrí y apliqué este concepto por primera vez, déjame explicarte cómo se usó en un startup de software de la que formé parte.

Uno de mis proyectos recientes fue un startup de software llamada LTmon.com

Uno de los grandes retos del desarrollo de software es determinar lo que necesitas desarrollar, cuánto tiempo lleva cada obstáculo de desarrollo y luego en qué orden trabajar.

Nuestro equipo aprendió sobre la *técnica Sprint* después de que un amigo sugirió que la aplicáramos. El problema que estábamos experimentando era la extensión excesiva de nuestros ciclos de desarrollo, por lo que lo que se pretendía que tomara seis meses terminó llegando a casi un año y medio de trabajo.

Los sprints dieron como resultado un aumento inmediato en nuestra productividad donde más importaba: **el desarrollo de las características principales del producto.**

Te cuento rápidamente lo que se sucedió y como eran las cosas.

> Mientras lees esto, mira si puedes detectar cómo la *Regla 80/20* y *la Teoría de las Restricciones* también entraron en juego.

Lo primero que hicimos fue hacer un diagnóstico de nuestras tareas y nuestros proceso y sacamos las siguientes conclusiones:

1. Nacho, nuestro desarrollador estrella debería estar solo concentrado haciendo las tareas para lo que es bueno: **codificar**. Es programador, le encanta y si pudiera, escribir código todo el día sería un tipo feliz. También es lo que más nos mueve hacia adelante, por lo que debemos dejar de hacer que haga otras tareas (como escribir manuales, capacitar a nuevos usuarios y otras tareas diversas que estaba haciendo anteriormente).

2. Damián, nuestra mente creativa, debe centrarse solo en tareas que aumenten lo que Nacho está haciendo. Estos dos chicos por sí solos son suficientes para hacer una gran cantidad de trabajo usando una metodología de **Sprint**, SI tienen el enfoque y la falta de distracciones para ejecutar.

3. Mi trabajo, ya que no codifico, es **proteger a estos tipos de las distracciones**. Necesito manejar todo lo demás,

desde asuntos legales, contabilidad, atención al cliente, eventos de redes, todo lo que puedo hacer para que los otros chicos sean libres para concentrarse.

Antes de esto estábamos compartiendo tareas. Todos participábamos en reuniones, asistíamos a eventos de ventas y hacíamos atención al cliente. Con esta nueva estructura de trabajo en su lugar, procedimos a determinar en qué debían centrarse nuestros primeros **sprints** y cuánto tiempo deberían tomar.

Decidimos que nuestros plazos de sprint no deberían ser más largos que **una o dos semanas** como máximo para completarse. Por lo tanto, no todas las tareas eran lo suficientemente pequeñas para nuestro marco de tiempo de sprint, pero esto fue bueno, porque nos centró en las características que podíamos completar rápidamente y, por lo tanto, implementarlas rápidamente.

La mentalidad de **sprint** nos obligó a ser eficientes y simples: hacer una o dos cosas (solo las tareas centrales más importantes) y hacerlo en una semana ... y lo que es más importante, **ignorar todo lo demás**.

Estos fueron algunos resultados usando Sprint

Nuestro primer sprint resultó en el lanzamiento de nuestra nueva versión de "monitoreo de redes satelitales" al mercado, una parte clave de nuestro negocio en general.

Teníamos el mercado listo para recibir nuestro producto, pero por todo tipo de razones, como no tener ciertas características que queríamos y otras tantas limitaciones más, retrasábamos el lanzamiento continuamente. Hicimos que nuestro objetivo fuera simplemente "Lanzar LTmon como herramienta de monitoreo", y luego de un par de semanas. ¡Lo hicimos!, lanzamos una versión básica al mercado, como parte de nuestro primer **sprint**.

En nuestro sprint de la tercera semana, agregamos un mini mapa en la página principal. ¡Una característica simple, pero un paso MAS! Y así fuimos progresando.

Dar pasos hacia adelante como este cada semana se sintió bien. Nuestra motivación fue mucho mayor cuando logramos después de varias semanas lanzar una nueva versión completa.

Los sprints son fantásticos para el impulso. Por definición, se centran en la producción rápida y te obligan a pensar en lo que realmente puede relacionarse con el mundo rápidamente, en lugar de quedar atrapado con lo que esperas o imaginas que sea tu producto algún día.

¿Qué puedes lograr si corres?

Te invito a que te detengas y revises cómo haces cualquier cosa en tu negocio y veas si una metodología de sprint puede ayudarte a concentrarte y hacer las cosas.

No tiene que ser sobre el desarrollo de software.

Después de aprender sobre el concepto de sprint, recordé algunos de los períodos de mayor éxito en negocios anteriores que había dirigido.

La razón por la que el sprint funciona tan bien es que ignoras todo lo demás y te das una fecha límite.

El uso de "Sprint" en todos mis proyectos anteriores me demostró que cuando realmente me involucraba en la tarea en cuestión, y realmente me ENFOCABA, podía producir algo que cambiara significativamente mi proyecto en un período de tiempo muy corto.

Probablemente hayas hecho sprints muchas veces sin siquiera saberlo. ¿Alguna vez has terminado una tarea entera la noche antes de su vencimiento? Bueno, los sprints son simplemente una forma de reproducir este tipo de hiperactividad en sus propios términos.

Todo se reduce a saber lo que es importante en este momento. Luego debes comprometerte a tomar la decisión de ignorar todo menos esa tarea y darte una fecha límite.

La parte de ignorar es en realidad la parte más difícil en mi experiencia, porque las cosas volarán hacia vos, la gente querrá tu atención, tendrás ideas y tu vida no empresarial también intervendrá. Cada nueva tarea que asumas no importa cuán pequeña sea, diluirá tu enfoque.

La fecha límite inyectará presión, el enfoque te hará productivo y asumir que tenés un buen método para elegir qué tareas hacer potenciará los resultados y aumentará tu motivación.

> ### ¿Cuál es tu primera tarea de sprint?
>
> Toma el concepto de sprint y aplicalo ahora mismo ... Elegí una tarea con los siguientes atributos:
> - Es uno de los objetivos más importantes para tu negocio hoy en día
> - No es tan grande como para que no puedas terminarlo en una semana, o hasta un mes como máximo.
> - Sabes que si te enfocas en ello puedes hacerlo...
>
> Compartir la tarea con tu equipo o con otra persona ayudará a que tú mismo seas responsable de hacerlo realmente.

Potencia tu productividad con la regla 80/20, la teoría de las restricciones y los sprints

Ahora ya tenés las primeras tres herramientas de productividad más poderosos. La Regla 80/20, la Teoría de las Restricciones y los Sprints, juntas te brindan una combinación poderosa que te van a ayudar a:

- Identificar qué actividades te dan el mayor rendimiento
- Qué problemas te impiden darte cuenta de un resultado
- Cómo enfocar y ejecutar en marcos de tiempo cortos

Te sugiero que te centres solo en estos conceptos y nada más. No necesitas complicar las cosas. Averigua qué ofrece valor, qué problemas te impiden crear ese valor y luego soluciona rápidamente esos problemas. Es una fórmula simple, que puede ayudarte a convertirte en una persona increíblemente productiva.

Vamos con la cuarta herramienta y veamos qué hacer con lo que nos limita.

Herramienta #4 – Derriba Tus Creencias Limitantes: Cómo Reprogramar Tu Mente para el Éxito

Hoy, después de trabajar estrechamente con tantas personas que están tratando de ganarse la vida Online, si tuviera que responder a la pregunta sobre por qué la mayoría de las personas no alcanzan el éxito de su emprendimiento, lo primero que digo es que es por una **falta de acción**, pero lo matizaría diciendo que detrás de cada falta de acción hay una **creencia limitante**.

Cada desafío que he esbozado en este libro y cada desafío que enfrentarás es superable, pero podes elegir el camino de la inacción, que es normalmente, el camino más común y fácil de tomar.

Esa decisión proviene de un lugar donde **Crees** que es demasiado difícil o aterrador o demasiado trabajo o preferirías hacer otra cosa. Haces que esta creencia sea tristemente verdadera cuando detenés la acción o no tomas ninguna acción para empezar.

Para decirlo sin más vueltas, **TODO ESTA EN TU CABEZA**.

Cómo mantener el rumbo

La razón por la que solo unas pocas personas tienen éxito se evidencia una vez que "estudias el éxito" y concluyes que... **es un trabajo duro**.

Actuar es siempre la mejor opción, porque garantiza el **aprendizaje**.

No solo te brinda una mejor oportunidad de éxito, sino que también te devuelve una idea del por qué estás haciendo algo, qué tan bien está funcionando, y cómo otras personas reaccionan con esto. Personalmente, encuentro que el "disfrute" es generalmente el ingrediente clave porque nada te mantiene más activo que la diversión. Escribe lo que te gusta hacer, luego cómo convertirlo en parte del proceso que conduce a las recompensas que quieres de la vida, y ganas. Suena simple, ¿verdad? A lo mejor, Tal vez, pero te aseguro que no es fácil.

¿Por qué aún no tengo éxito con mi emprendimiento?

Debés hacerte una pregunta y ser realmente honesto sobre la respuesta:
- *¿Alguna vez te has comprometido con un objetivo específico, que tenes claro cómo lograrlo (o sabes cómo hacerlo o sabes qué educación necesitas para aprender a hacerlo), y te aferraste y te quedaste con él durante mucho tiempo…?*
- *¿Alguna vez hiciste realmente todas las tareas que se supone que conducen al resultado que buscas?*

Lamentablemente, la mayoría de las personas saben qué hacer, y simplemente no lo hacen. Se dan por vencidos demasiado pronto. Hacen al azar algunas de las cosas correctas, pero siempre se sienten un poco perdidos o confundidos o impacientes o frustrados. Cuestionan sus acciones, se distraen con nuevas ideas y saltan de un proyecto a otro.

La razón es la falta de **creencia y confianza**. Esto se deriva de **la ambigüedad del propósito**.

Si sabes lo que realmente queres, y ese deseo se basa en la pasión, podes dividir ese resultado en pasos, y estás dispuesto a cambiar cuando las cosas no funcionan, tenes todos los ingredientes necesarios.

Ahora veamos cómo destruir algunas de tus creencias limitantes para que puedas comenzar a hacer las cosas …

Creencias limitantes que debes eliminar

Todo comienza y termina en TU mente, y no en vano, este es el primer lugar donde veo que las debilidades y las creencias limitantes emergen en los nuevos emprendedores.

Las excusas que generalmente suelo escuchar se relacionan con algún tipo de miedo y acá te comparto las más comunes que escucho:

- ¿Por qué se interesarían en lo que publico o escribo?
- No tengo suficiente material para compartir
- Ya hay muchísimas personas increíbles que cubren los mismos temas, ¿por qué alguien va a mirar mis contenidos?

Desafortunadamente, estas creencias siempre resultan ciertas cuando una persona no es congruente con su objetivo, y ese es el verdadero desafío a superar.

Si crees que vas a fracasar y no deseas el éxito de tu emprendimiento lo suficiente, entonces ni siquiera comenzarás, por lo que finalmente terminas demostrando que tus dudas son correctas.

Te prometo que, si miras lo suficiente, siempre vas a encontrar personas que crees que están haciendo un mejor trabajo que vos, ¿por qué molestarte en comenzar a competir con ellos online?

Es fácil derrotarse a sí mismo, especialmente si no estás seguro de que lo que estás haciendo es lo que queres.

Lo que es importante es ver estas creencias limitantes como lo que son, solo creencias. Eso significa que se pueden cambiar. Sin embargo, cambiar una creencia es difícil, no podes simplemente engañarte a vos mismo o usar afirmaciones positivas si realmente crees algo.

Para cambiar una creencia, necesitas ver las cosas de una manera diferente.

¿Cómo podes liberarte de las creencias limitantes y tener éxito?

¡El primer paso si queres construir un emprendimiento exitoso o hacer cualquier cosa que esté completamente en tus manos, es… comprometerte con el!

La elección debes hacerla primero en tu mente, y de ahí nace todo lo demás. Nuestra base es tu capacidad para continuar la acción independientemente de las circunstancias y el estado emocional, lo cual es increíblemente difícil si no tenes compromiso profundo con tu objetivo.

Repetiré esto, porque es importante:

"Comprometerse es tan crucial porque la capacidad de continuar la acción independientemente de las circunstancias y el estado emocional es la capacidad definitoria de las personas exitosas"

¿Por qué alguien se interesaría en lo que publico o escribo?

Vamos a desgranar la primera creencia limitante: ¿por qué alguien se interesaría en mirar lo que publicas, en leer tu blog, mirar tu reel o comprar tu producto? Esa es una buena pregunta, pero se responde fácilmente.

¿Por qué alguien quiere leer el **Señor de los Anillos**, o **Harry Potter**, o la **Biblia**, o para el caso escuchar a los **Beatles**, o ver **Sex and The City**, o consumir cualquier forma de contenido producido por otros seres humanos? La respuesta es... **¡porque quieren!** Incluso el libro de texto que se le pide a un estudiante en la universidad y que es increíblemente aburrido (tengo muchos de esos) es leído por algunas personas porque hay una motivación para hacerlo, en este caso para obtener la información necesaria para aprobar la materia o asignatura.

Si creas algo que **sirve a una necesidad (o dolor) de otros seres humanos**, tus palabras serán leídas, tus contenidos serán mirados y tu podcast será escuchado.

Tenes que convertirte en un **creador de contenido**. El mundo está estructurado de una manera que no solo recompensa a los creadores, sino que funciona en un estado perpetuo **de creación**. No existe tal cosa como una **existencia estática**. A veces podes sentir que tu vida no va a ninguna parte, pero siempre te estás moviendo hacia algo y alejándote de otra cosa. Me sorprende la cantidad de personas que se atascan porque no tienen dirección y creen que pensar en eso o hacer coaching o tener discusiones les ayudará a desatascarse. Sí, digamos que estas cosas son útiles y tienen su lugar, pero si realmente queres una respuesta concreta, **debes crear algo y ver cómo reaccionan los**

demás a lo que creas.

Si crees que nadie leerá tu blog o tu posteo y eso te impide escribirlo, entonces acabas de demostrar que tenés razón (felicitaciones). Sos humano, consumís las creaciones de otras personas, ¿por qué es tan difícil creer que otras personas consumirán lo que vos creaste?

No tengo suficiente material que aportar

Supongamos que te convencí lo suficiente como para que creas que en algún lugar del planeta existen otras personas a las que les gustará consumir todo lo que creas. Al menos un pequeño fragmento del mundo va a darle una mirada a tus cosas, lo suficiente como para que descubras si queres seguir aportando el material que estas generando o lo que estás escribiendo. **¿Qué vas a hacer cuando te quedes sin cosas que aportar?** Lo que cualquiera que sea **verdaderamente apasionado** por un tema sabe bien, es que nunca podes tener suficiente de lo que amas.

Claro que tenemos un tiempo y una capacidad de atención limitados, pero cuando algo nos cautiva, nunca estaremos satisfechos.

Pensá en una serie de televisión que te encantó, ¿alguna vez quisiste que terminara? (Podría haber visto El Zorro para siempre). ¿Qué tal un libro, o incluso una persona que conociste que es tan increíble que pensas en ella todo el tiempo? Nunca podes tener suficiente de estas cosas. Son insaciables.

Lo hermoso de las redes sociales, los podcast y los blogs es que, cuando conectas los puntos perfectamente y alineas tu pasión con las pasiones de otras personas y te convertís en un creador y no solo en un consumidor pasivo, te encontrás en un mundo donde no hay limitaciones.

No podes quedarte sin cosas que decir y que mostrar si estás hablando de lo que **realmente amas**. Hay un número ilimitado de puntos de estimulación, disparadores, entradas y situaciones que generan ideas.

Si estás luchando por ideas, entonces elegiste algo que no te importa lo suficiente, o cambiaste tu percepción de tu tema a algo que se parece más a un trabajo o una tarea que debe hacerse, en lugar de una pasión que debe expresarse.

Sos una persona interesante con opiniones, ideas y conceptos interesantes para compartir. Nunca pensés lo contrario o una vez más estás matando la creatividad antes de que tenga la oportunidad de enseñarte a vos o a cualquier otra persona algo.

La competencia es demasiado dura

La última creencia limitante de la que vamos a hablar es la de **la competencia**.

Muchas personas renuncian a las ideas de blogs, podcast o publicar en las redes porque creen que ya hay demasiada competencia que cubre los mismos temas.

Hay algo interesante que aprendí hace muchos años, algo que puede ser maravilloso y muy diferente del mundo tradicional de los negocios fuera de línea. La competencia realmente no existe.

Los Blogger, YouTubers, Instagramers, Tiktokers, Podcasters, etc. generalmente comparten contenido y se apoyan mutuamente recomendando buenos artículos, podcasts y videos de los demás, promocionando los productos de los demás, entrevistándose entre sí, combinándose para lanzar proyectos juntos y trabajando en gran medida en el marco de una **comunidad**.

Incluso si no participas en la comunidad en absoluto, el hecho de que comiences a escribir sobre un tema no significa que los lectores tengan que decidir entre tu trabajo y el de otro.

Obviamente, los jugadores establecidos tienen la ventaja de la titularidad, pero un lector no es mutuamente excluyente, él o ella puede leer tantos blogs o mirar tantos canales como elija y quiera.

De hecho, deberías ver la presencia de otras publicaciones sobre tus mismos temas como un estímulo. Si yo publico sobre nuevos hábitos, la conciencia de una vida saludable, la práctica de actividades físicas en personas mayores de 45 años, o sobre emprendimiento, finanzas personales o lo que sea, todo lo que se publique sobre estos temas me pone feliz ya que refuerza y apoya mi "Lucha". Que existan más personas que generan contenido sobre mis mismos temas me estimula a seguir.

Por otro lado, mirando el costado comercial, demuestra que hay un mercado lo suficientemente grande y existen otros emprendedores con los que posiblemente puedas colaborar. Indiscutiblemente, la presencia de "competencia" significa que hay un mercado de personas que ya gastan dinero en este tipo de productos.

Todo está en tu cabeza

Ya desacreditamos al menos tres de los principales bloqueos que impiden que las personas inicien un emprendimiento Online. Aunque puedo intentar convencerte de todo tipo de cosas usando mis palabras, al final del día todo esto se trata de tus **acciones**.

- Vos decidís si crees que otras personas quieren interesarse en lo que publicás o tenés para escribir
- Vos decidís si tenés suficiente inspiración para producir contenido de forma regular.
- Vos decidís si los sitios y las publicaciones existentes en tu mercado representan una competencia que te detendrá, o si son la evidencia del éxito.

No importa lo que suceda, al final del día, es enteramente tu responsabilidad y tu elección. Todo lo que necesitas hacer es averiguar qué opciones son las mejores para llevarte hacia lo que queres, luego tener el coraje de hacerlo.

Mucho de este aspecto de tu **mentalidad** tiene que ver con cómo enmarcas tu mundo. Ya sea que veas las cosas bajo una luz positiva o negativa, dicta en gran medida tu interpretación del mundo que te rodea y tus perspectivas de éxito.

En el siguiente capítulo analizamos una herramienta llamada "Objetivos SMART" y cómo el definir objetivos es una parte esencial del trabajo en cualquier emprendimiento ...

Herramienta #5 – El Poder de los Objetivos SMART: Cómo Alcanzar el Éxito con Metas Claras y Medibles

Pensar y definir objetivos es parte esencial del trabajo en cualquier empresa o emprendimiento. En este capítulo te voy a contar sobre los objetivos SMART, y te voy a dar algunos ejemplos para comenzar a trabajar con ellos.

Una de las claves para lograr ser productivos -en el trabajo, en casa, o en cualquier ámbito donde sea necesario- es **saber plantearse objetivos de manera adecuada**.

Todos queremos crecer. Hacer mejores productos, desarrollar nuestro negocio, tener mejores relaciones con nuestros clientes y proveedores. Todas esas son metas a las que siempre se puede aspirar, pero que sólo se pueden alcanzar si nos sentamos a pensar de manera inteligente cómo lograrlo.

Es decir, no es lo mismo "querer crecer", que proponerse aumentar un 25% las ventas de la empresa en el plazo de un año a través de una serie de campañas de inbound marketing. Lo primero es un deseo, y lo segundo un objetivo definido a partir de datos concretos, que es realizable, mensurable y susceptible de ser corregido en tiempo y forma. O sea, un objetivo SMART.

Qué son los objetivos SMART

Los objetivos SMART son específicos, mensurables, alcanzables, relevantes y temporales. Son metas concretas que permiten analizar el desempeño de nuestros esfuerzos, ya sea en marketing o en cualquier área de una empresa o emprendimiento que requiera **ordenar y medir su trabajo de manera sistemática**.

SMART es un acrónimo que hace referencia a cada una de las características que debe tener una buena meta. Así, un objetivo SMART es:

- **S**pecific (específico)
- **M**ensurable (medible)
- **A**chievable (alcanzable)
- **R**elevant (relevante)
- **T**imely (temporal)

Veamos cada una de estas características por separado.

Específico

Un objetivo específico se circunscribe a un aspecto, tarea o acción determinada de una empresa. En marketing, una meta específica podría ser, por ejemplo, aumentar la generación mensual de MQLs (Marketing Qualified Leads) en un 20% (de 600 a 720). Este objetivo es específico porque nos dice exactamente lo que esperamos lograr.

Mensurable

Para que sea mensurable, una meta tiene que ser específica. De otra manera, no es posible interpretar si los resultados están dentro de lo esperado. Además, es necesario contar con los medios para poder medirla, ya sea herramientas de software o una metodología de análisis que posibilite saber en qué medida se alcanzó el resultado previsto. Siguiendo el ejemplo anterior, en este punto necesitaríamos registrar la cantidad de leads que generan nuestras acciones de marketing.

Alcanzable

Por alcanzable nos referimos a un objetivo que sea perfectamente realizable en las condiciones con las que se cuenta. Por ejemplo, de acuerdo a las características de nuestro emprendimiento y el mercado, querer aumentar la generación mensual de Leads o Prospectos (MQLs) en un 75% podría ser demasiado. Es muy importante plantearse metas realistas, teniendo en cuenta que sobre la base de su cumplimiento se pueden cumplir, luego, apuntar más alto. Por otro lado, en este punto es importante especificar a través de qué acción o acciones se pretende lograr dicho objetivo. En nuestro ejemplo, la generación de MQLs podría aumentarse creando una mayor variedad de ofertas descargables en nuestro sitio web.

Relevante

Una meta relevante es aquella que está en línea con los objetivos generales de nuestro negocio. No tiene sentido plantearse acciones cuyos resultados no sean subsidiarios de alguno de los objetivos generales que ya definimos en nuestro plan de desarrollo (Me imagino que ya tenés un plan ¿no?). En este sentido, aumentar la generación mensual de MQLs en un 20% será relevante en la medida en que tengamos como propósito aumentar nuestra facturación, y que un porcentaje de esos MQLs puedan efectivamente traducirse en ventas. En el caso de que la generación de leads ya sea adecuada, pero no logres cerrar una cantidad suficiente de operaciones, aumentar los MQLs podría no ser tan relevante como optimizar las etapas posteriores del proceso.

Temporal

Que los objetivos SMART sean temporales significa que están limitados a un tiempo determinado. Todas las características mencionadas -su especificidad y mensurabilidad, su alcance y relevancia- dependen del tiempo en que debes completarlos. El tiempo que le asignas a un objetivo puede provocar que no sea realizable, o puede dificultar su mensurabilidad (imposible de medir). Por eso, cuando planteamos una meta de este tipo siempre debemos tener en cuenta el lapso.

Para completarte el ejemplo anterior, el objetivo será aumentar la generación mensual de MQLs en un 20% (de 600 a 720), a través de la creación de seis ofertas descargables en el sitio web, en un plazo de tres meses.

¿Cuáles son los beneficios de los objetivos SMART?

Hoy en día muy pocos emprendedores tienen definidos objetivos SMART. **La implementación de la metodología SMART en tu emprendimiento te ayuda a:**

- **Definir metas claras** que puedan ser comprendidas por todos los miembros del equipo.
- Que esas metas claras sean **realistas**. De nada serviría definir unos objetivos demasiado ambiciosos cuyo cumplimiento es imposible.
- **Centrar el foco** de las acciones en una dirección concreta, con un enfoque preciso que evite distracciones o confusiones.
- **Medir sin errores**, de tal forma que definir el éxito pasa a ser un aspecto objetivo.
- **Motivarte y motivar** al equipo (si es que ya tenés uno). Cualquier forma de medición motiva al equipo para conseguir avanzar cada vez más en el porcentaje de cumplimiento de sus objetivos.
- **Priorizar** en base a su relevancia actual y aporte al éxito del proyecto.
- **Adaptarse** a los cambios. Los objetivos SMART permiten tal nivel de granularidad en su definición que son considerados objetivos 100% adaptables a cualquier situación o cambio que se presente.

- Aportar **transparencia** en términos organizacionales al definir metas claras.
- **Aprender** en base al progreso, los errores y los aciertos.
- **Fomentar** la sostenibilidad mediante la definición de unos objetivos realistas y alcanzables que **fomenten el crecimiento**.

Cómo redactar objetivos SMART en 5 pasos

Como te acabo de mostrar, los indicadores SMART te dan las claves para definir objetivos de forma eficiente. Ahora solo tenés que saber cómo interpretarlos correctamente y alinearlos con tus necesidades.

Seguí los siguientes pasos y muy rápidamente vas a tener objetivos SMART listos para evaluar el éxito de tus metas.

1. Analiza la situación actual

El primer paso, antes de meternos de lleno a definir los objetivos, es **analizar la situación actual.** Para esto, **apoyate en las siguientes preguntas:**

- ¿Qué mejoras detecte en mi emprendimiento?
- ¿Cuántas personas hay en el equipo?
- ¿Cuántos objetivos puedo asumir yo y cada persona del equipo? Te recomiendo un máximo de 4 o 5. Siempre teniendo en cuenta el alcance de cada problemática y si se podrá tener foco exclusivo en ellos. Si no vas a poder mantener el foco en esta cantidad de objetivos, deberías bajarlo a un máximo de 2, no más.
- ¿Qué temas son más y menos prioritarios? Llegó la hora de hacer una lista para ver qué temas son ineludibles y cuáles podemos tratar en una segunda fase. ¿Te acordás de los 20 minutos de planificación que hablamos al comienzo?.

2. Definí un objetivo específico

Una vez tenemos nuestra lista de temas a tratar con orden de priorización, el siguiente paso atiende al primer indicador SMART: **S**pecific. ¿Cómo definimos objetivos específicos? Seguramente ya tengas una idea de objetivo en mente, hace las siguientes preguntas:

- ¿Qué busco conseguir?
- ¿El objetivo tiene dobles interpretaciones? Si la respuesta es afirmativa, tenés que ajustar la definición del objetivo.
- ¿Queda claro el **"para qué"** del objetivo? Si la respuesta es negativa, no es un objetivo lo suficientemente específico.
- ¿El objetivo es relevante para vos y el equipo? Si la respuesta es negativa, tenés que revisar si el problema está en la definición del objetivo o en la asignación del responsable.

3. Asegura que el objetivo se puede monitorear

El tercer paso en la redacción de objetivos SMART tiene que ver con el segundo indicador SMART: Mesurable o Medible. ¿Definiste un objetivo que se puede medir? Seguimos haciéndonos preguntas para asegurarnos de que nuestro objetivo es válido:

- ¿Hay alguna métrica que se puede medir detrás de nuestro objetivo? Si la respuesta es negativa, tenés que revisitar el objetivo y buscar la forma de que sí se pueda alinearse con una métrica que te ayude a su medición.
- ¿Definiste una meta a alcanzar? Deberías definir un objetivo numérico, algo que defina dónde está la meta a la que tenés que llegar.
- ¿Contas con un método de recolección de información que te permita medir este dato? En caso negativo, tenés dos opciones: podes reevaluar el objetivo para definir uno del cual puedas extraer datos. O revisar qué métodos o herramientas te permitirán conseguir la información que necesitas.

4. Garantiza que el objetivo es alcanzable, relevante y temporal

El cuarto paso en la redacción de objetivos SMART engloba a los tres últimos indicadores SMART: **Achievable, Relevant y Timely**. **Continuamos con las preguntas** para confirmar que nuestro objetivo es acertado:

- ¿El objetivo marcado está en línea con los objetivos del proyecto? Si la respuesta es negativa debemos parar la pelota y alinearnos nosotros y el equipos, para asegurar que estamos remando todos en la misma dirección.
- ¿La meta marcada es posible cumplirla en base a los recursos con los que contamos? Si la respuesta es negativa, deberías parar y definir un marco más realista para la definición de tu objetivo.
- ¿Definiste el tiempo en el cual deberías conseguir el objetivo? En caso negativo, debes hacerlo. Sin un marco temporal que englobe a tu objetivo, no podes considerarlo un objetivo SMART.
- ¿La meta marcada es posible cumplirla en base a tu proyección? Debes revisar y plantearte si realmente es una meta alcanzable en base al contexto en el que te encontrás.
- ¿Tu meta es retadora? Es importante definir objetivos viables y alcanzables, pero si se mantienen en la misma línea que en periodos anteriores y estas planteando siempre lo misma meta, no resulta para nada retadora. Para que te hagas una idea, cumplir un objetivo al 80% se considera éxito de cumplimiento, en base a ese histórico, definí un incremento del 5% ... ahí pasa a ser más retador ya que estas 5 puntos por encima del progreso conseguido en el periodo anterior.

5. Elegí una metodología de gestión de objetivos

Sin una metodología de gestión de objetivos común, no existirá alineación si ya estás trabajando con equipos. En resumen, muy probablemente cada uno reme en una dirección diferente. Para evitar esto existen distintas metodologías de gestión de objetivos.

A la gestión por objetivos también se le conoce como MBO (Management by Objectives), una metodología creada en el año 1954 por Peter Drucker en su obra "The Practice of Management" (La práctica de la gestión).

Este modelo de gestión lo que busca es **que el desempeño de tu organización mejore**, gracias a que todos tiene una meta clara que deben alcanzar, los objetivos que vos y tu equipo se asignaron. Las dos piezas claves de la gestión por objetivos son : La dirección por Objetivos y la gestión del desempeño de cada uno de los miembros de tu equipo.

Algunos ejemplos de objetivos SMART

A continuación te muestro **tres ejemplos claros de objetivos SMART** para que tengas una idea más acabada.

Primer ejemplo: Queremos aumentar el tráfico hacia nuestra web en un 100% (de 300 a 600 visitas mensuales) en 60 días, duplicando la creación de contenido, para generar más leads.

S: Aumentar el tráfico hacia el sitio web

M: de 300 a 600 visitas mensuales (100%)

A: duplicando la creación de contenido

R: para generar más leads.

T: en 60 días

Segundo ejemplo: Queremos aumentar las ventas en un 20% (de $300,000 a $360,000 dólares mensuales) en los próximos 6 meses, a través de campañas de email marketing con nuestros clientes, para cubrir el gasto de rediseño de la web.

S: Aumentar las ventas

M: de $300,000 a $360,000 pesos mensuales (20%)

A: con una campaña de email marketing con nuestros clientes.

R: cubrir el gasto de rediseño de la web

T: en los próximos 6 meses

Tercer ejemplo: Queremos lograr que la facturación del producto X, que hoy representa el 20% de la facturación total, pase a representar el 50% de la facturación para fines del año próximo, a través de campañas de marketing digital específicas para ese producto (contenidos, email, Ads, redes sociales), para estimular la competitividad de nuestro emprendimiento.

S: Facturación del producto X

M: pase a representar el 50% de la facturación total (hoy 20%)

A: a través de campañas específicas de marketing para ese producto

R: para estimular la competitividad de la empresa.

T: para fines del año próximo

Organizar tus esfuerzos

Utilizar objetivos SMART es una manera de organizar el trabajo. Para crear tus propios objetivos, date espacio y permitite jugar con las ideas. Con un poco de creatividad es posible usar esta metodología para casi cualquier tarea o meta que necesites completar.

Para alcanzar grandes resultados, son imprescindibles los pequeños pasos. Tu primer objetivo SMART podría ser éste: elaborar una lista de cinco objetivos SMART para el próximo fin de semana y anotarlos en un archivo, para aprender a crearlos y aplicarlos a tu negocio.

Tu plantilla para la metodología SMART

Para estandarizar la metodología SMART en tu empresa necesitas un marco de trabajo al que todos los miembros del equipo tengan acceso. Lograr que tengas este marco de trabajo le va a permitir a cualquier miembro del equipo, **definir objetivos SMART con total independencia.**

¿Qué es una plantilla para la metodología SMART?

La plantilla para la metodología SMART es una **guía reutilizable para la correcta implementación de objetivos SMART en tu equipo**. Esta plantilla permite a tu equipo definir objetivos específicos, medibles, alcanzables, relevantes y temporales para poder darles el seguimiento adecuado. Tener una plantilla común para todos le va a permitir a todos conocer el estándar para la definición de objetivos, lo cual mejorará el alineamiento entre los empleados.

Tu plantilla para la metodología SMART
Idealmente, deberías crear tu plantilla SMART **una vez, con el objetivo de que te sirva para siempre**. Tengamos en cuenta que, normalmente, los objetivos SMART se actualizan trimestralmente. De esta forma, de un trimestre a otro, tu plantilla de objetivos debería permitirte clonar los objetivos marcados en el trimestre anterior e incluir aquellas actualizaciones en los valores que el equipo considere pertinentes de cara al nuevo trimestre. Para ayudarte a crear tu guía para la definición de objetivos SMART, **adapte las preguntas por cada uno de los indicadores SMART**. De manera que si no estas tan familiarizado con la metodología SMART, vas a poder habituarte a ella y definir tus objetivos de forma eficiente:

Tú objetivo debe ser específico:
- ¿Qué buscas conseguir?
- ¿Tu objetivo tiene dobles interpretaciones?
- ¿Queda claro el impacto que tu objetivo tendrá en la organización?
- ¿El objetivo tiene una relación estrecha con tu trabajo?

Tú objetivo debe ser medible:
- ¿Qué métrica usarás para medir tu objetivo?
- ¿Qué meta queres alcanzar?
- ¿Contas con las herramientas necesarias para recoger esa información?

Tú objetivo debe ser alcanzable:
- ¿Crees que podes lograr tu objetivo con los recursos que tenes?
- En base al histórico, ¿crees que es posible alcanzar el objetivo?

Tú objetivo debe ser relevante:
- ¿Tu objetivo está alineado con los objetivos principales de tu emprendimiento?
- ¿Supone un reto para vos?

Tú objetivo debe ser temporal:
- ¿Definiste una fecha límite para el cumplimiento de tus objetivos?

Ahora que ya tenés tu objetivo definido, escribilo en un papel, anota y justifica dónde y/o cómo visualizas los siguientes parámetros:

- La especificidad del objetivo: lo que buscas mejorar.
- Su factor medible: la métrica que guiará su evolución.
- Su posibilidad de alcance: el histórico que marque que la meta definida es viable de alcanzar.
- Su relevancia: anota el objetivo organizacional sobre el que impacta.
- La fecha límite de cumplimiento.

La definición y gestión de objetivos SMART desempeña un papel fundamental en el camino hacia el éxito de cualquier empresa. La metodología SMART te permite **promover la alineación de los equipos, el desarrollo profesional y el correcto seguimiento de las metas de tu emprendimiento.**

Acá te dejo el acceso a unas plantillas SMART de regalo

Herramienta #6 – Prioriza como los Grandes: Domina tu Tiempo con la Matriz de Eisenhower

Muchas veces gestionar el tiempo de manera eficiente puede ser un tema complicado. Ni bien arrancas con una tarea, ya tenes en tu bandeja de correo una lista de mensajes que te preguntan cómo vas en las otras diez tareas que tenés pendientes. Y, claro estás con tu WhatsApp en llamas y tenes más de 50 notificaciones nuevas acerca de un proyecto de último minuto. ¿Qué haces primero?

Por suerte te cuento que existe una Técnica que te va a ayudar a implementar un proceso de trabajo ordenado y que te va a aliviar la presión. Se llama matriz Eisenhower.

¿Qué es la matriz Eisenhower?

La matriz Eisenhower es una herramienta de gestión del tiempo para distinguir las tareas que deben resolverse lo más pronto posible y las que pueden posponerse, delegarse a otra persona o, incluso, eliminarse de la lista de pendientes. Su finalidad es jerarquizar tu carga de trabajo.

Su nombre, en caso de que te lo estés preguntando, viene de la persona que la inspiró: el expresidente estadounidense Dwight Eisenhower, un hombre que fue reconocido por su alta productividad. Por lo tanto, Stephen Convey, el experto en administración empresarial, retomó sus hábitos para crear la matriz Eisenhower, tal y como la conocemos en la actualidad, en su libro *Los 7 hábitos de la gente altamente efectiva*.

¿Para qué sirve la matriz Eisenhower?

Más allá de ser uno de los instrumentos más citados y populares en el mundo de las ventas, la matriz Eisenhower, también conocida como caja Eisenhower, matriz urgente/importante o matriz de administración de tiempo, es un recurso que contribuye en gran medida a planificar, priorizar, delegar tareas semanales y mensuales, al dividirlas en cuatro cuadrantes, que van de lo urgente a lo no urgente y de lo importante a lo no importante.

Ventajas y desventajas de la matriz de Eisenhower

Ventajas

- Permite identificar cuáles actividades de tu día a día se pueden delegar a otro miembro de tu equipo, o incluso eliminar del todo.
- Facilita organizar el momento para lo que no necesariamente debe completarse de inmediato, pero que no conviene posponer porque es vital para el buen desempeño de tu área o tu negocio en general.
- Es una buena aliada para evitar las horas extra de trabajo y para que el tiempo que inviertas sea de calidad.

Desventajas

- Te obliga a clasificar tus tareas en lo que urge y lo que no, que no siempre es tan fácil como aparenta. Por lo tanto, te sugiero tener en cuenta tus fechas de entrega para no correr el riesgo de enviar al final algo que aunque parecía no tener importancia, sí tenía un **límite temporal**.
- Quien implemente la matriz de Eisenhower debe tener capacidad de liderazgo y discernimiento. Lo primero, para delegar tareas de forma eficiente; lo segundo, para identificar a los responsables de cada tarea.

- Cuando se involucran varios procesos o personas para la culminación de una tarea (que es común en procesos burocráticos, por ejemplo), la matriz no ayuda tanto porque el trabajo se estanca por cuestiones que no dependen de quien intenta utilizarla.

Para hacer tu propia matriz de Eisenhower, primero debes conocer las partes que la conforman.

Elementos de la matriz Eisenhower

La matriz de Eisenhower tiene cuatro cuadrantes, que clasifican las tareas y así permiten una gestión más eficiente.

Cuadrante 1: urgente + importante

Aquí cabe todo lo que debe realizarse lo antes posible y que no puede delegarse a nadie más. Me refiero a situaciones cotidianas, como escribir una publicación diaria para las redes sociales de tu empresa para cumplir con la cuota de contenido establecida, y también a aquellas que surgen de imprevisto, como una crisis en tu negocio o con un cliente que debe resolverse lo antes posible.

Cuadrante 2: importante + no urgente

Este espacio lo asignas a aquello que debes cumplir, pero no tiene una fecha inmediata. Por ejemplo, la creación de una estrategia de marketing para el último trimestre del año: no tenes que hacerla hoy mismo, pero sí está en tu lista de tareas importantes.

Cuadrante 3: urgente + no importante

Quizá esta clasificación te parezca un poco contradictoria..., pero sí, existen tareas que requieren resolverse de forma inmediata, pero no es tan relevante que lo soluciones vos mismo. Eso quiere decir que podes delegarlas a alguien de tu equipo o a alguien más, la tarea se ejecuta pero vos no tenés que sacrificar el tiempo designado para otras actividades. Por ejemplo, agendar citas con prospectos, responder correos o dar seguimiento a una campaña de anuncios; es decir, todo lo rutinario.

Cuadrante 4: no urgente + no importante

En el día a día vamos a encontrarnos con muuuuchas tareas de este tipo que te distraen demasiado o hacen que pospongamos una actividad. Es lo que muchos etiquetan como procrastinar, que no necesariamente quiere decir que no haces nada, sino más bien que inviertes tu tiempo en cosas que no te ayudan a avanzar, como revisar todas tus cuentas personales de redes sociales antes de ver tu correo profesional, o dedicar más de lo necesario a elegir un color para el fondo de una foto. Todo lo que resulte poco fundamental deberías eliminarlo lo antes posible aunque sé que es difícil.

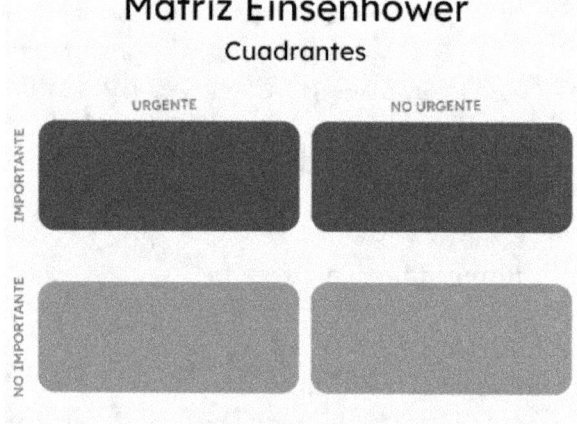

¿**Queres saber cómo implementar la matriz de Eisenhower?** Es super fácil, a continuación te explico cómo.

5 pasos para realizar tu propia matriz Eisenhower

1. Establece tus cuadrantes

Para empezar, tenes que imaginar que tus tareas se organizarán en 4 cuadrantes de prioridad, como ya te lo comente antes: urgente, no urgente; importante, no importante. Debería verse más o menos así:

Matriz Einsenhower
Clasifica las tareas

	URGENTE	NO URGENTE
IMPORTANTE	**HAZ** Crisis, deadline inmediatos, peticiones de último minuto	**PLANEA** Proyectos, investigación para la próxima estrategia, anteproyectos
NO IMPORTANTE	**DELEGA** Interrupciones, responder correos, agendar citas con prospectos	**ELIMINA** Distracciones, redes sociales personales, organizar el escritorio

2. Clasifica tus tareas basándote en estos cuadrantes

El paso esencial es priorizar tus tareas, analizá qué es lo que debe hacerse (ahora mismo) planearse (en un tiempo determinado), delegarse (asignar a alguien del equipo) o eliminarse (no es significativo para el desempeño de tu trabajo).

3. Aprende a delegar

Uno de los grandes retos para los que usan la matriz de Eisenhower por primera vez, y yo diría que a muchas personas en general, es **aprender a delegar tareas**. Para una persona aprensiva, hasta las actividades más sencillas y rutinarias se convierten en un asunto de vida o muerte y, por lo tanto, prefieren no arriesgarse a poner a alguien más al frente de ellas. Y libros y libros que hablan sobre la incapacidad de delegar.

Sin embargo, delegar responsabilidades es también una estrategia que aumenta la productividad, estimula la confianza entre personas, se convierte en una forma de motivar y empoderar a tus colaboradores y te permite recibir retroalimentación.

4. Implementa la matriz Eisenhower con tu equipo

Si aun estas solo y no tenes un equipo, igual leelo porque seguro que en algún momento lo vas a poder aplicar. Aunque cada persona establezca la matriz para sus propias responsabilidades, también la podes usar para la gestión del trabajo de equipos completos. De esta forma, es más fácil que cada uno sepa lo que tiene que hacer y la prioridad que se le vamos a dar a cada proceso. Además, es una buena manera para que le informes a todos en qué esta trabajando cada uno, y así no perder tiempo en las reuniones de seguimiento (como podes ver, el implementar la matriz Eisenhower te va a ayudar a eliminar al menos una tarea del cuarto cuadrante: las reuniones excesivas).

5. Enfoca tus esfuerzos de manera efectiva

Una vez que ya sabés cuál tarea tenes que resolver con rapidez y qué necesita más planificación, podes concentrarte mejor, nivelar la presión y el estrés, y desarrollar cada tarea sin interrupciones o descuidos. Para ejemplificarlo mejor, te lo muestro de la siguiente manera:

- **Todo lo que es urgente** debería ser lo primero que hagas en tu rutina. Nada de eso puede esperar, así que es mejor que se elimine de tu lista lo antes posible.
- **Todo lo que es importante, pero no urgente**, necesita planeación y toda tu atención. No solamente hablamos de lo relacionado directamente con tu trabajo (planes de expansión, colaboraciones con otras marcas a largo plazo, el lanzamiento de un nuevo producto o servicio), sino también con lo que te ayuda a ser un mejor profesional en tu campo (capacitarte, formarte y conseguir certificaciones), mantenerte saludable (entrenar, correr, nadar o hacer Yoga) o motivado (ahorrar para comprar el auto con el que soñás).

- **Todo lo que es urgente y no importante** es parte de la rutina, pero alguien más puede hacerlo. Esto implica reconocer que otras personas, al igual que vos, poseen la capacidad de resolver o gestionar alguna actividad de forma exitosa.
- **Finalmente, todo lo que no es urgente ni importante** es, en suma, un obstáculo en tu trabajo. Es verdad que a lo largo del día debes tomar descansos, comer, hacer pausas para estimular tu creatividad y concentración. Sin embargo, hay actividades que realmente no aportan nada a tu trabajo o tu rutina.

¿Queres ver cómo podría lucir una matriz Eisenhower con ejemplos basados en la industria?

4 ejemplos de matriz Eisenhower

1. Para el día

Esta matriz organiza 3 actividades sin relación directa entre ellas. Es decir, pueden ser realizadas por diferentes equipos de trabajo (en este caso: diseño, cuentas y producción) de una misma agencia de marketing. Si todos tienen acceso a la matriz, todos saben en qué trabajan sus compañeros en caso de que necesiten información o apoyo para una nueva tarea.

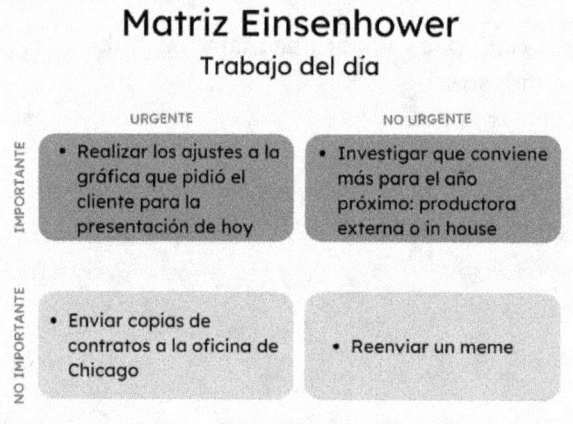

2. Para un proyecto

Este otro caso te permitirá ver cómo gestionar las tareas necesarias para un proyecto particular. Quizá acá no es necesario involucrar a todo un equipo, sino tal vez a un par de personas, según la empresa; por ejemplo lo urgente e importante debería resolverlo un ingeniero de sistemas.

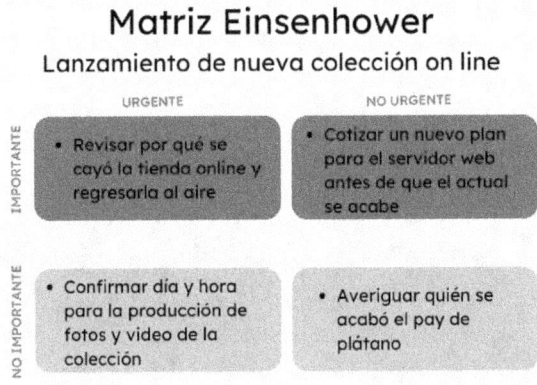

3. Para la estrategia de contenidos de un blog

En este caso, me refiero a las tareas que una agencia de creación de contenidos ejecuta mes a mes. Entonces, visualizamos aquellas actividades que la persona encargada de coordinar los equipos es capaz de identificar y asignar.

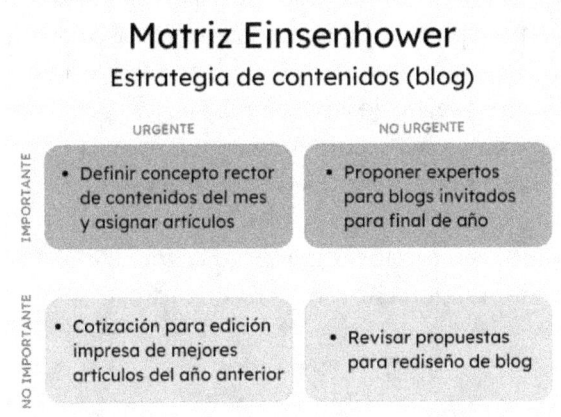

4. Para una sesión de fotos para producto

Quien se encarga de la producción de esta sesión de fotos tiene muchas cosas en qué pensar, y seguramente necesitará una matriz mucho más amplia. Sin embargo, en este ejemplo nos concentramos en los últimos detalles.

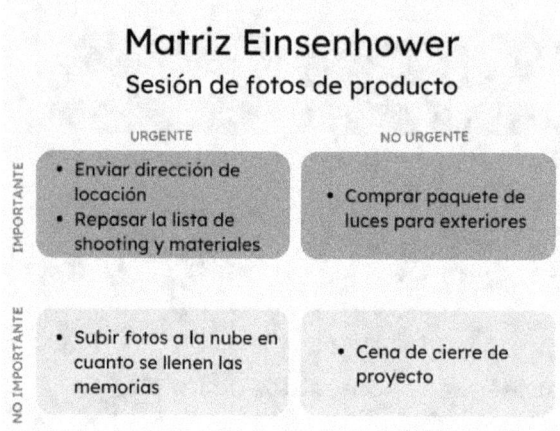

Recordá que una de las ventajas de la matriz de Eisenhower como herramienta de gestión de tiempo y tareas es que no hace obligatorio utilizar algún programa especializado. Sin embargo, muchas aplicaciones de trabajo en equipo te dan la oportunidad de implementar los principios de la matriz Eisenhower en sus funciones. Trello, Dropbox, Slack, Basecamp, Monday, entre otras. Quizá no tengan todas el formato de los cuadrantes *per se*, pero sí te dan la posibilidad de separar tareas según el nivel de urgencia e importancia, con la ventaja de conocer el avance de cada proceso.

Lo importante es que vos encuentres la manera de trabajar más eficiente y armónica, sin sacrificar tiempo o enfoque en lo que más te importa para tu emprendimiento. Espero que estos consejos resulten útiles como me resultaron a mí.

Herramienta #7 – Domina tu Día en Intervalos de 25 Minutos: La Técnica Pomodoro que Revoluciona la Productividad

Existen muchas técnicas que me han ayudaron a mantener, e incluso mejorar, mi productividad para realizar un trabajo en menos tiempo. Pero a ninguna la considere tan interesante como la técnica del tomate, realmente llamada técnica o método Pomodoro, que me permitió ser más productivo mediante la correcta gestión de tiempo para crear nuevos hábitos y aprovechar mis horas laborales o creativas.

Si actualmente te sentís encerrado en un círculo vicioso en el que debes hacer múltiples tareas y te cuesta mucho trabajo concentrarte y terminarlas, la técnica Pomodoro podría ser justo lo que necesitas y acá te voy a contar de qué se trata.

¿Qué es la Técnica Pomodoro?

Pasos para manejar las interrupciones:

1. Elimina las fuentes de interrupción que podes controlar.
2. Establece límites claros con la gente a tu alrededor.
3. Anota las interrupciones internas y revisalas después.
4. Analiza las interrupciones externas y cuánto tiempo te demoraron.

5. Mantené la calma.
6. Utilizá técnicas para gestionar el tiempo (Eisenhower).
7. Ajustá tu planificación.
8. Aprendé de tus experiencias.

Las interrupciones son uno de los mayores enemigos de la productividad, ya que rompen tu flujo de trabajo, te hacen perder el tiempo y te dificultan retomar la concentración. Por eso, es importante que sepas cómo manejar las interrupciones que puedan surgir mientras aplicas la técnica Pomodoro. Estos son los pasos que te recomiendo seguir:

Eliminá las fuentes de interrupción que podes controlar

Por ejemplo, silencia o apaga tu móvil, tu correo, tus redes sociales, etc. Avisa a las personas que te rodean que vas a trabajar y que no queres que te molesten. Cerra la puerta, pone un cartel, usa unos auriculares, etc. Crea un ambiente de trabajo que te favorezca la concentración y el enfoque.

Establece límites claros

Comunica a tus amigos, familiares o compañeros de trabajo cuándo estás en un "pomodoro" y necesitas concentrarte en tu trabajo. Establece límites claros y pedí que te interrumpan solo en casos de verdadera urgencia.

Durante el pomodoro, si te surge una interrupción interna

Es decir, un pensamiento, una idea, un recordatorio, etc., que no tenga que ver con la tarea que estás realizando, simplemente "anótalo" en un papel y déjalo para después. No le dediques más tiempo ni atención, ya que si no vas a perder el ritmo y el interés. Confía en que podes ocuparte de esto más tarde, cuando termines el pomodoro o el ciclo de trabajo. Sino comenzás en un ciclo donde pasas de un tema a otro y todo lo anterior fue inútil

Durante el pomodoro, si te surge una interrupción externa

Es decir, una llamada, un mensaje, una visita, una emergencia, etc., que no puedas ignorar o posponer, detené el temporizador y atende la interrupción. Intentá resolverla lo antes posible y volvé al trabajo. Si la interrupción te llevo menos de 5 minutos, continúa el pomodoro donde lo dejaste. Si la interrupción te llevo más de 5 minutos, lamento decirte que tenes que cancelar el pomodoro y empezar un nuevo pomodoro desde el principio. No te desanimes por la interrupción, sino que tenes que aprender de ella y tratar en lo posible de evitarla en el futuro.

Mantene la calma

Cuando una interrupción inevitable ocurra, mantené la calma y trata de volver rápidamente a tu tarea una vez que se haya resuelto el problema. No te frustres por las interrupciones inevitables, sino que lo mejor es concentrarte en mantener el enfoque y retomar tu trabajo lo más pronto posible.

Utiliza técnicas de gestión del tiempo

Además de la técnica Pomodoro, familiarízate con otras técnicas de gestión del tiempo que puedan ayudarte a minimizar las interrupciones y a maximizar tu productividad, como la técnica GTD (Getting Things Done) o la matriz de Eisenhower que ya te presente con bastante detalle en el capítulo anterior.

Ajusta tu planificación

Si las interrupciones son continuas, considera ajustar tu planificación para incluir períodos de tiempo específicos para manejar correos electrónicos, llamadas telefónicas u otras tareas que puedan generar interrupciones.

Aprende de tus experiencias

Después de cada día de trabajo, reflexiona sobre las interrupciones que enfrentaste y busca patrones o tendencias que puedas abordar en el futuro. Aprende de tus experiencias pasadas y ajusta tu enfoque según sea necesario para minimizar las interrupciones y optimizar tu productividad.

Ventajas y desventajas de la técnica Pomodoro

Si bien la técnica Pomodoro puede ser un método muy útil, reúne ciertas características que quizá no la hagan la mejor alternativa para vos. ¡Analicemos todos los puntos!

Ventajas de la técnica Pomodoro

1. Fácil de implementar
Sin duda, la función y aplicación del método Pomodoro es muy sencilla. Con solo establecer un temporizador físico o digital (como el que tenes en tu teléfono) podes comenzar. Además, funciona para todo tipo de tareas: desde actividades complejas de trabajo, ser más productivo trabajando en casa y hasta para la limpieza del hogar.

2. Promueve el trabajo creativo
Este método te permite aprovechar tu periodo más alto de productividad y creatividad. Para ello, es vital analizarte a vos mismo y saber en qué momento estás más alerta, centrado y emocionado por trabajar. De igual forma, te ayuda a conocer mejor tu agenda y determinar en qué horario es más sencillo para vos trabajar por intervalos. También puede convertirse en una de las grandes herramientas de productividad para tu emprendimiento y tu equipo de trabajo.

3. Convierte lo complejo en procesable

El método Pomodoro puede implementarse en tareas tan simples como lavar los platos, pero también en otras actividades mucho más complejas. La ventaja es que los intervalos de 25 minutos te ayudan a dividir tus proyectos más grandes o difíciles en tareas más asimilables y menos abrumadoras.

4. Elimina poco a poco la procrastinación

La técnica Pomodoro se enfoca en dejar fuera todo tipo de distracciones por 25 minutos. Esto implica no atender ningún mensaje o correo electrónico ni revisar redes sociales. Justamente para esto son los objetivos de los intervalos: permitirte estar completamente absorto y presente en la actividad que necesitas hacer.

5. Conduce a las grandes ideas

Una mente organizada puede pensar mejor, lo que conduce a la generación de mejores ideas. El método Pomodoro no es limitante ni muy exigente, ya que en los intervalos de descanso podes tener momentos de claridad que te permitan ser mucho más creativo e incluso profundizar en tu interior. Por ello, la recomendación es ocupar tu descanso en meditaciones rápidas o ejercicios de respiración.

Desventajas de la técnica Pomodoro

1. Requiere de mucha disciplina

No todo es "de color de Rosas" con el modelo Pomodoro, la verdad es que para lograr dominarlo y aprovecharlo tenes que ser muy constante; algo que puede ser complicado para alguien que de por sí tiene problemas de organización.

2. Hay lugar para las distracciones

Sí, sabemos que la técnica Pomodoro busca precisamente alejarte de toda distracción, pero los intervalos de descanso de 5 minutos pueden cortar tu inspiración o el flujo para muchas personas. Es posible que prefieras continuar trabajando o tengas la habilidad de concentrarte durante largos periodos, algo que puede verse interrumpido por los descansos.

3. Puede interrumpir actividades importantes

No todas las personas pueden darse el lujo de concentrarse en una sola actividad y dejar fuera todo lo demás. Sobre todo cuando tu trabajo depende de atender llamadas de los clientes o realizas trabajo de equipo que requiere de tu participación constantemente.

Como podes ver, la técnica Pomodoro tiene pros y contras, pero podes ajustar los intervalos de tiempo y los descansos, según tu estilo de vida y tus actividades.

Cómo utilizar la técnica Pomodoro para mejorar tu productividad como vendedor

Seguí estos pasos para usar la técnica y aumentar tu productividad como un experto.

1. Prepara tu pomodoro timer

Como ya te mencione, esta técnica se trata de trabajar en intervalos de 25 minutos (promedio). Para medir tu tiempo, necesitarás tu propio pomodoro y con el cronómetro de tu teléfono celular será más que suficiente.

2. Decidí cuál va a ser la tarea que vas hacer

Elegí cuál será la primera labor que vas a realizar con esta técnica. Puede ser enviar ese email que llevas varias horas posponiendo o terminar tu guion para los próximos videos que tenes que grabar. ¿Ya tenes algo en mente?

3. Protegete de distracciones

Como ya hablamos, es muy importante que durante tu tiempo de trabajo no existan distracciones externas. Eso significa cerrar

Facebook y otras redes, tus chats, silenciar tu teléfono y nada de ir por una taza de café. El tiempo Pomodoro es tiempo exclusivamente de trabajo.

Podes probar los bloqueadores de redes sociales. Estas aplicaciones o extensiones de los navegadores de internet que no te permitirán acceder a las plataformas sociales para que puedas concentrarte y ser productivo, si queres probar mira [BlockSite](#) o [Cold Turkey](#).

4. ¡Empezá la cuenta regresiva!

Bueno, llego el momento de trabajar: concentrate y dedicate a una sola tarea. Si necesitas hacer varias llamadas de ventas, estos 25 minutos deben dedicarse a eso. Procura no hacer otras cosas entre llamadas, el tiempo Pomodoro no debe ser interrumpido por nada.

5. Descansa por un lapso corto

Una vez que terminaste tu primer pomodoro, podes tener un pequeño descanso. Revisa las notificaciones que se juntaron, ahora sí, si queres preparate un café o manda un mensaje.

6. Volvé a empezar

Convertí esto en un ciclo de trabajo: Un pomodoro, un pequeño descanso; otro pomodoro, otro pequeño descanso. Y así sucesivamente. Podes hacer pausas más largas después de cuatro pomodoros. La técnica busca trabajar de forma constante, pero mantener toda tu energía.

7. Aprende cuáles son tus tiempos

Una vez que hayas usado la técnica por un buen rato sabrás cuántos pomodoros necesitas cumplir para terminar ciertas actividades. Utiliza esta información para manejar tus horarios en función de los intervalos de 25 minutos, asegurándote de que otros asuntos pendientes no interrumpan tu tiempo de trabajo. Por ejemplo, si sabes que tenes una reunión a las 10:00, asegurate de empezar tu pomodoro a las 9:30 o antes.

TERCERA PARTE - "Manos a la Obra"

Desbloquea tu Máximo Potencial: Cómo Crear el Estado Óptimo para la Productividad

Todo emprendedor es responsable de su **tiempo de trabajo**. Existir fuera del mundo estructurado de 9-5 de la mayoría de los empleados es una bendición que con demasiada frecuencia se convierte en una maldición para un futuro emprendedor. Contar con esa libertad horaria y de lugar de trabajo muchas veces hace que nos cuesta mucho ser productivo, por esa razón es importante que encontremos nuestro estado "Optimo" para ser más productivos

¿Cuándo y dónde se realiza el trabajo?

La mayoría de los emprendedores productivos y exitosos te van a poder dar rápidamente una respuesta clara a esta pregunta. Ellos saben perfectamente cuándo y dónde hacen su mayor cantidad de trabajo, y tienen muy claro como estructurar conscientemente su día en torno a este momento de máxima producción. Con las herramientas que ya estuvimos analizando, tenes tu primer recurso para comenzar este camino de optimización.

Establecimiento de las condiciones óptimas

Como todo el mundo, te condicionaste vos mismo de alguna manera. Creaste tus hábitos: lugares a los que vas, donde haces ciertas cosas y las horas del día en que estás condicionado para realizar ciertas actividades. También hay cambios de energía que experimentas a lo largo del día que se ven afectados por forma en que dormís y lo que comes. Cuando se trata de hacer crecer tu negocio Online, o escribir tu próximo libro, o construir tu próxima aplicación de software (o cualquier objetivo personal que tengas), tenes que trabajar con tus **condicionamientos** para tener la mejor oportunidad de éxito posible.

Si tenes la tendencia de sentarte en el sofá, tomar una cervezas y mirarte una serie completa de Netflix, o pasarte horas mirando Reels o TikToks, esto no va a funcionar si realmente queres hacer foco en un nuevo emprendimiento, si es muy de vez en cuando, no va ser un problema, pero si es tu habito natural, desde ya te digo que vas a necesitar **cambiar de hábitos**. Revisar tu día, en particular cada bloque de tiempo en tu día y cómo lo usas actualmente, y decidí dónde colocar el nuevo hábito productivo que vas a desarrollar y de a poco ir abandonando los hábitos improductivos que te sacan de foco.

Considerá tus otras actividades y el flujo de tu día al hacer esto. Planificar el desarrollo de tu nuevo habito productivo después de un turno duro de 10 horas en tu trabajo formal, por ejemplo, puede estar preparándote de a poco para el fracaso.

En mi experiencia personal, pude visualizar los cambios (o metas) que parecen difíciles, cosas como escribir un informe en otro idioma en un mes o entrenar doble turno durante 7 días a la semana para correr un Triatlón especifico, como un **experimento temporal**.

Esto es necesario porque si intento un cambio significativo, y cualquier cosa que realmente quieras será significativa, y lo veo como algo que tendré que hacer por el *resto de mi vida*, eso me parece demasiado desalentador. Me voy a rendir antes de llegar incluso a la segunda semana.

Pero si de cierta manera lo pienso como algo más corto y si sé que solo necesito escribir un informe para ese lanzamiento puntual, o intensificar el entrenamiento hasta el día de esa carrera en particular, para mí se torna mucho más manejable porque sé que es algo que tiene un fin medible, que no lo voy a realizar el resto de mi vida.

Podemos desglosarlo aún más. Si sé que solo necesito escribir 1,000 palabras por día durante un mes, puedo concentrarme solo en asegurarme de que se realice una tarea por día. Como dice el dicho

"La mejor manera de comer un elefante es un bocado a la vez"

Incluso si ese gran objetivo te puede tardar mucho tiempo, va a ser tu nuevo **hábito productivo** el que te va a llevar hasta ahí.

Habrá momentos al principio en la que simplemente no tengas ganas de hacerlo. Pero ir intentando insertar de a poco este **hábito productivo** en tu vida donde mejor encaje, va a hacer que sea más fácil para vos superar estos momentos de desgano.

Trabajá con vos mismo (no en tu contra)

Soy un poco meticuloso cuando se trata de mi *estado emocional* y *físico*.
Para poder hacer el trabajo no puedo tener **hambre**, o perder más de una hora de **sueño** de los 8 que necesito al día.
Necesito el **entorno** adecuado y debo tener el deseo de producir algo y ser creativo. Tengo que estar en un estado de ánimo contento como mínimo (si me siento deprimido, el trabajo es duro).
También me ayuda mucho si tengo algún tipo de **fecha límite** que me lleve al trabajo, o incluso también ayuda la necesidad interna de urgencia que siento cuando una nueva pieza de contenido o un embudo en mi página no está todavía activo.
En lugar de dejar que el azar decida mi estado de ánimo o mi entorno, deliberadamente implementé medidas que me garantizarán que existan las condiciones adecuadas para que todo funcione bien y fluya.
Esto significa **comer bien, descansar bien** y **entrenar** para sentirme bien, establecer plazos para estar motivado y sentarme con mi computadora en un entorno donde me sienta cómodo (me gusta el parque en Fátima, el sofá de mi departamento o los cafés temáticos). Puedo hacer esto porque sé que cada parte de mi día afecta a las otras partes, y sé cuándo y dónde trabajo bien.
Tené en cuenta que hay **momentos óptimos** para hacer ciertas cosas, y que la **preparación** y el **descanso** importan tanto como la actividad creativa en sí.
Elegí los hábitos que sabes que necesitas inyectar en tu vida para obtener lo que queres, y completalos en el lugar óptimo en el momento óptimo.
Si no lo haces, corres el riesgo de luchar contra la única persona que siempre tendrá la capacidad de derrotarte: **vos mismo**.

A continuación, te voy a compartir uno de los conceptos más populares sobre los que muchos han escrito.

Esta idea puede ayudarte a hacer el trabajo, incluso cuando no estás en óptimas condiciones. Aunque siempre sugiero que te esfuerces por establecer estados óptimos (hora, lugar, estado de ánimo, fecha límite, etc.), es imposible hacerlo todo el tiempo. Así que ahora quiero mostrarte cómo podes hacer las cosas incluso, cuando tu propia mente, cuerpo o emociones están luchando contra vos ...

¿Cómo ser productivo cuando tenes ganas de darte por vencido?

A veces me despierto y **no tengo ganas de trabajar.** Todo el mundo tiene días como este. ¡Todos! Así que no debes sentirte como un fracaso cuando te sucede.

Creo que la capacidad de ser productivo, incluso cuando no tenes ganas, es el corazón del éxito de la mayoría de los emprendedores.

En el siguiente capítulo corto te explico cómo superar estos momentos para mantenerte en el buen camino y cómo podes tener un **día productivo** incluso cuando no estás sintiendo el **fuego** en el interior.

¿Sos perezoso?

Aclaremos algo primero...Muchas veces "no tener ganas de trabajar" no es porque seas perezoso. Por lo general, es porque no estás seguro si lo que está haciendo realmente va a funcionar o estas medio deprimido.

En el fondo, una parte de nosotros se pregunta:

- *¿Es esto una pérdida de tiempo?*
- *¿Alguna vez habrá un retorno de esta inversión de mi tiempo y esfuerzo?*

Estos sentimientos pueden ser aún más fuertes cuando te encuentras con un obstáculo o revés, porque los interpretarás como una fuerte señal de que lo que estás haciendo no está funcionando.

Realidad: Habrá dudas, fracasos y contratiempos

Si sos principiante, uno de los mayores desafíos que enfrentas es tu batalla contra **la duda de vos mismo.**

Otros alrededor tuyo a lo mejor se burlarán de tus múltiples intentos de iniciar un nuevo negocio o proyecto. Tus propios resultados llegarán lentamente y durante mucho tiempo tendrás que trabajar todos los días por poca recompensa. La paciencia y la voluntad son necesarias en esta etapa.

Además de esto, **nada sale bien todo el tiempo.**

A veces los clientes pedirán reembolsos, o no estarán contentos con lo que proporcionas o el universo crea una circunstancia que no tenías forma de predecir (Pandemias, guerra, cambios de gobierno, empresas que quiebran). Debes estar listo para lidiar con esto, los contratiempos no deben minar o destruir tu espíritu empresarial. Superarlos es lo que hace a un emprendedor.

Si no tenes tolerancia a la ambigüedad, es mejor que evites continuar en el viaje del emprendedor.

¿Qué podes crear hoy?

Una de las cosas que hice y sigo haciendo cada vez que me siento poco entusiasmado, es centrarme en la **producción**, en lugar de prestar atención a las cosas que me deprimen.

Puede que me sienta completamente aplastado, pero sé que sí creo algo o tomo alguna acción productiva, avanzo hacia mis metas. Lo mejor de crear es el poder que tiene sobre tu **estado de ánimo.** Siempre hacer algo productivo te **"Pone las pilas".**

La emoción negativa genera acciones negativas, como acostarse en la cama o ver la televisión, por ejemplo, o la falta de *cualquier* acción que ayude a tu negocio. Los actos negativos refuerzan tu estado de ánimo negativo y tus sentimientos de fracaso. Es un círculo vicioso.

Si te enfocas en **crear algo** y solo das un pequeño paso adelante, el esfuerzo físico que ejerces afecta tu estado emocional interno. Tu capacidad para **seguir adelante** frente al conflicto emocional puede llevarte a través de la oscuridad y devolverte a un estado de actividad y pensamiento congruentes.

Acá te dejo un pequeño secreto de productividad mío: cuando me siento con muy poca energía, pero tengo trabajo que hacer, a menudo realizo una tarea de limpieza, como lavar los platos, lavar mi ropa o cocinar para mis hijos.

El acto de completar una tarea, y ejercer un poco de esfuerzo físico y concentración para hacerlo, enciende mis motores. A partir de ahí la transición al trabajo empresarial es fácil porque tengo ganas de sentir esa emoción de volver a completar una tarea..

Mis dudas como creador de contenido

Recuerdo haber publicado contenido en mí, contenido que me parecía bastante bueno. Sin embargo, nadie dejaba un comentario y mi tráfico no se disparaba.

Después de publicar este lindo artículo en mi propio blog, me encontré con artículos de blogs que cubrían temas similares al mío que, en mi opinión, no eran tan buenos como mis artículos, sin embargo, este Blogger tenía un seguimiento de cientos de lectores y muchos comentarios hechos a cada publicación. Me preguntaba si estaba haciendo algo *mal* o si había algo que este otro Blogger estaba haciendo *bien* que yo no estaba haciendo.

No podría afirmar o responder con certeza a esa pregunta, pero sospecho, ahora mirando hacia atrás, que fue simplemente un caso de paciencia y **dedicación al proceso** que estaba ejecutando. Necesitaba tiempo para llegar a donde quería ir y necesitaba creer que mis acciones día tras día me llevarían allí.

Rápidamente aprendí con las publicaciones que **tenía que disfrutar de cada pequeño éxito y centrarme en mi compromiso hacia una meta**. Esa motivación y compromiso es la que me lleva hacia adelante.

Este no es un compromiso que todas las personas hacen. Independientemente de tu situación de vida, acceso a tiempo libre, recursos o cualquier variable externa, la decisión de comprometerte siempre se toma primero en Tu mente y lamentablemente, la mayoría de las personas no tienen la fuerza de voluntad para terminar la carrera y abandonan incluso antes de comenzar.

Esto no es fe ciega

Tene en cuenta que no estoy promoviendo la fe ciega de que si sigues haciendo algo para siempre obtendrás un resultado. Propongo un esfuerzo consistente basado en una sólida creencia en un resultado, dentro de plazos realistas.

> *"No pretendamos que las cosas cambien, si siempre hacemos lo mismo".*
>
> Albert Einstein

Hay un punto en el que debes hacer un balance del progreso y hacer cambios o incluso renunciar por completo para comenzar otro proceso. Desafortunadamente, la mayoría de las personas toman la puerta de salida demasiado pronto y la falta de acción simplemente refuerza la ya prevalente falta de resultados.

Si realmente deseas obtener un resultado y probar el éxito, entonces debes completar los pasos necesarios para llegar hasta ahí.

Un resumen rápido ...

Los contratiempos y las dudas no son desastres causados por la mala suerte o la falta de habilidad. Son obstáculos obligatorios que deben superarse. Todos se enfrentan a ellos.

Toma pequeñas acciones positivas y rechaza las acciones destructivas o la inacción.

La próxima vez que no tengas ganas de trabajar piensa para ti mismo: *Estos son los días que me definen como emprendedor.*

La Mentalidad del Emprendedor

Las personas que no logran alcanzar sus objetivos comerciales se apresuran a culpar al sistema o al mercado o al nicho o al modelo de negocio o a innumerables otras cosas. Pero en todos los casos creo que es todo cuestión de **mentalidad.**

Tu mentalidad importa

Las personas impacientes rara vez tienen tiempo para lecciones de "mentalidad", por lo que ignoran el consejo.

Discutir cosas como el **juego interno** (el que está en tu cabeza) parece inútil para este tipo de personas. En su opinión, todo lo que necesita hacer es averiguar qué funciona, solo se quedan con los pasos, quieren "La receta" lo demás no importa no hay necesidad de preocuparse por los detalles.

Eso podría funcionar si todos fuéramos robots, pero no lo somos. Necesitas prestar atención a tus características humanas falibles, como tus pensamientos y tus sentimientos. Los pensamientos y sentimientos negativos son, mayormente, la causa número uno de que las personas o equipos de trabajo no logren sus objetivos.

Mis socios algunas veces me dicen - amaneciste con el "Sombrero Negro" - haciendo referencia a la técnica creada por el psicólogo **Edward de Bono**, pionero en la aplicación del pensamiento lateral, y una de sus técnicas consiste en que los participantes de un grupo utilicen seis **sombreros** imaginarios de diferentes colores que representan diferentes modos de pensamiento, y como pueden imaginar el sombrero negro es el sombrero del pensamiento "Negativo".

¿Cuál es la verdadera razón por la que las personas NO tienen éxito en sus proyectos Online?

¿Por qué las personas fracasan en ganar dinero en las redes, a pesar de la gran cantidad de información disponible para hacerlo, incluidos muchos blogs, videos en YouTube, informes gratuitos, libros electrónicos, cursos y programas de mentorías?

En mi experiencia, sé que solo una fracción muy pequeña realmente tiene éxito, si se mide el éxito en base a la cantidad de dinero ganado.

Incluso si nos fijamos en el porcentaje de aquellos que pasan a ganar una pequeña cantidad, digamos unos pocos cientos de dólares al mes, sigue siendo un pequeño porcentaje de los que se proponen hacerlo.

¿Qué pasa acá? ¿Por qué es tan difícil para tantos?

Si me preguntan por qué tan pocos tienen éxito, siempre tuve una respuesta que sé que es dura, pero es cierta: **la mayoría de las personas simplemente no hacen el trabajo para obtener el resultado.** Si realmente lo implementas y seguís haciéndolo, eventualmente vas a obtener un resultado.

Cada persona con una historia de éxito se remontará a un trabajo duro y constante hacia una meta, con una voluntad casi **patológica** de seguir adelante a pesar de los constantes contratiempos. Los que somos corredores muchas veces escuchamos que **"Las medallas se ganan en el entrenamiento, la carrera es solo un paso más para ir a buscarla"**

Es necesario echar un vistazo más de cerca a esta explicación y descubrir por qué las personas no ejecutan las cosas de la manera que deberían.

¿Qué detiene la acción?

¿Cuáles son las razones detrás de la falta de acción? Podemos dividirlo en algunas categorías:

- Limitaciones y responsabilidades físicas
- Falta de comprensión
- Falta de recursos
- Creencias limitantes

Todas estas áreas se superponen y de hecho, en el corazón de ella, realmente solo hay una cosa importante que nos detiene: **las creencias sobre nuestra realidad**.

Vale la pena echar un vistazo a cada categoría con más detalle. Lo más probable es que una de estas cosas te detenga ahora, o al menos creas que lo está haciendo.

Realidad física o responsabilidad

Considero en esta categoría a todas esas cosas físicas en la vida que se interponen en el camino de hacer el trabajo necesario para ganar dinero con tu emprendimiento.

Es posible que tengas que criar a cuatro hijos, cocinar y llevarlos al colegio todos los días e ir a tu trabajo formal, y todas estas actividades no te dejan mucha energía o tiempo para nada más.

Tal vez tengas problemas con la vista, o dolor en las muñecas, u otras condiciones físicas que te impidan hacer el trabajo. Tal vez tu computadora sigue descomponiéndose, o es tan lenta que lo que debería demorar 30 minutos termina tardando dos horas. Como cada tanto digo..." La tecnología NO me acompaña..."

Todas estas cosas son variables que se interponen en el camino de la producción de resultados. A menos que puedas eliminar estas restricciones o encontrar formas de evitarlas, fallarás debido a la falta de acción.

Falta de comprensión o habilidades

Esta es una condición que toda persona que tiene un negocio online o un emprendimiento enfrenta.

No podes pretender saber cómo desempeñar cada uno de los roles de tu negocio. Es por eso que en algún momento todos necesitamos la ayuda de otras personas, incluso si es solo para que nos aconseje.

Desafortunadamente, solo el acto de tomar conciencia de lo que necesitas saber puede ser desalentador. Descubrir las opciones e implementarlas, puede ser demasiado abrumador. Si ganar dinero Online es completamente nuevo para vos, te enfrentas a muchas experiencias nuevas. Podes pasar unos buenos **seis meses** simplemente descubriendo los conceptos básicos antes de que comiences a producir algo.

Dado que cada experiencia educativa abre las puertas a nuevas áreas, simplemente el acto de estudiar tus opciones puede matar tu motivación: simplemente porque no sabes cómo juntar todas las piezas.

Falta de recursos

Para algunas personas es dinero, para otras es tiempo, a veces son recursos de personas: todos estos son elementos críticos para el éxito al construir un emprendimiento.

Al comenzar, algunas cosas que son básicas pueden estar fuera del alcance de tu 'Bolsillo", pagar por todo lo que necesitas, es literalmente imposible, simplemente no podes afrontar el gasto que representa pagarle a alguien para configurar tu sitio web, o a alguien para hacer tu página de Facebook, o tus páginas de perfil de Twitter y YouTube o pagar por el diseño del logotipo de tu marca.

Incluso si tenes dinero para gastar en algunas de estas cosas para construir una base para tu negocio, una vez que se termine, vas a descubrir rápidamente muchas otras cosas adicionales para las que vas a necesitar más dinero.

Cosas como una campaña publicitaria, alguien que escriba tus guiones o escriba el contenido de tus embudos de venta, sin mencionar el pago de la App para editar tus videos, software manejar tus correos, el diseño de las portadas de tus e-books, y así sucesivamente.

Una vez que veas cuánto dinero podrías gastar, tu decisión podría ser... ni siquiera intentarlo!, es demasiado dinero que tal vez nunca recuperes.

Saber con qué lidiar primero

Todos estos problemas son reales y es probable que los trates de alguna manera. Todavía lo hago. Soy un gran fanático de la **resolución de problemas basados en la lógica**. Creo que es la mejor manera de progresar. Sin embargo, el primer problema que tenes que resolver es a menudo el más complicado: **¿en qué orden resolvés estos problemas?**

Siguiendo la Teoría de las Restricciones, deberías mirar a cualquiera de los problemas que sea la restricción más apremiante que detenga el movimiento hacia adelante.

Desafortunadamente, si contas con poca o ninguna experiencia, es difícil saber qué es eso, especialmente si sos nuevo en el proceso de construcción de emprendimientos o negocios online.

Es por eso que muchas veces el tener un mentor es sumamente útil ya que con su acompañamiento es más sencillo descubrir cuales son las restricciones apremiantes, armar un orden de importancia y generar ideas y alternativas que te permitan avanzar rápidamente.

Tené en cuenta que el Mentor ya paso por las situaciones que vos estas experimentando ahora. Mas adelante en el libro vamos a hablar en más detalle sobre tener un Mentor. De todas maneras, si necesitas que te acompañe como **Mentor** en este proceso, te invito a seguir el link de aquí abajo o escanea el código QR con tu teléfono y charlamos sobre la posibilidad de trabajar juntos

Técnicas de Mindfulness para Emprendedores

Emprender es en sí mismo un proceso de desarrollo personal y vivido con conciencia plena también espiritual. Con cada acierto y cada error, con cada miedo que surge, cada vez que asumimos que nos cuesta sostener la incertidumbre, cada vez que sentimos que el corazón nos guía, cada vez que aparece el recurso de donde menos lo esperamos, cada vez que nos vemos forzando las cosas, cada vez que sufrimos por que los resultados esperados no llegan, cada vez que confiamos en que las cosas llegan… **Crecemos.**

Muchas personas que a raíz de una crisis vital se comprometen con su camino de crecimiento personal y espiritual, acaban emprendiendo. La maternidad/paternidad consciente nos pone a muchos es esa tesitura.

Darle sentido a nuestra vida pasa también por ponerle consciencia a nuestra contribución a la comunidad, y ya no nos conformamos con tener un trabajo que no nos desagrade y que nos permita pagar las facturas, sino también, que nos dé coherencia y rumbo existencial.

Esa voz que tenemos todos en la cabeza a veces nos susurra cosas como: "esto a te apasionaaaaaa", "esto que estás haciendo no es lo que vos querías", "esto que haces por hobby puede ser un emprendimiento fenomenaaaaaal".

Cuando vivimos soportando la incoherencia, escuchar esa voz que dice verdades a veces nos incomoda y tendemos a callarla. La principal razón quizá sea que en el fondo no estamos dispuestos a tomar acción y renunciar a los beneficios secundarios que conlleva mantenernos ahí, mayormente el **no arriesgarnos**.

Pero cuando por el motivo que sea, llega la profunda **crisis existencial** (a veces no es necesario que sea tan profunda ni tan crítica, simplemente te llega el momento), sí o sí, nos toca mirar a dentro y tomar consciencia de nosotros mismos y de nuestras necesidades.

Poco a poco vamos poniendo las cosas en orden; los cajones, las tareas, las amistades, la pareja, etc. Cada vez vamos afinando más a través del Mindfulness nuestra escucha interna, nos vamos armonizando por dentro y se va transformando lo de fuera. Así, le vamos tomando el gusto al asunto, porque con cada paso que damos hacia la coherencia, ganamos en libertad y nos damos cuenta de que seguimos vivos (el monstruo de la incertidumbre no nos comió), que atravesar el miedo nos libera y con cada paso que damos, nos vemos más capaces de dar el siguiente, hasta que la incoherencia en el trabajo se nos hace cada vez más insostenible y nos llega la hora de emprender.

Lo que te acabo de contar es la principal contribución que el Mindfulness puede hacer a tu camino de emprendimiento.

Desde mi experiencia personal y profesional, tu propósito vital, eso que sabes hacer, que te da coherencia y contribuye a dar valor a la comunidad, es algo que ni se busca ni se encuentra. Se desvela a través del silencio y la escucha interna que propicia el Mindfulness.

Para seguir recorriendo de la mano de la conciencia plena ese camino de emprendimiento, ahí van otros recursos que te pueden ayudar.

1.- Una mente atenta es una mente productiva.

Se habla mucho en estos tiempos de auge emprendedor sobre productividad, pomodoro, gestión del tiempo, etc. De hecho ya vimos en los capítulos anteriores que todas son herramientas estupendas para organizarte mejor y sacarle partido a tu tiempo. Pero no te olvides de que antes necesitas tener una mente entrenada para enfocarse en la tarea. Poner todos los sentido en eso en lo que ahora decidiste invertir tu tiempo, va a ser lo que más te ayude a rentabilizarlo. Practicar

Mindfulness, te ayudará a fortalecer tu "músculo de la atención" y con esto mantenerte inmerso en la tarea sin distracciones, concentrado.

2.- La mente de principiante fomenta tu creatividad.

La mente de principiante es una actitud Mindfulness que nos invita a ver con nuevos ojos, momento a momento, sin juicios y con curiosidad, aquello que nos rodea. De esa mirada novedosa se desprende un gran potencial innovador. Cuando miramos con atención plena lo que nos rodea, la realidad empieza a destilar matices que antes nos pasaban desapercibidos y desde ahí, pueden surgir nuevas necesidades que desde nuestro negocio podemos cubrir.

3.- Mindfulness para el autocuidado.

Uno de los errores más comunes a la hora de emprender, lo digo por experiencia propia, es dedicarnos demasiado al trabajo y descuidarnos. Yo llegue a pesar 108 kg, era hipertenso y mi vida era totalmente sedentaria y con pésimos hábitos alimentarios y de sueño Con toda la pasión y las ganas que tenemos de sacar las cosas adelante, forzamos la máquina y nuestra salud se termina resintiendo. El Mindfulness nos ayuda a escuchar nuestro cuerpo, nuestras necesidades básicas y atenderlas. Si no lo hacemos, al final el cuerpo nos obligará a parar y habrán sido totalmente inútiles todas esas horas de más que diariamente trabajamos para "adelantar". Se trata de escucharte y observar cual es el ritmo de trabajo que es sostenible para vos.

4.- Mindfulness para la innovación.

Desde los estados de "no mente" que propicia el Mindfulness, surgen ideas. ¿Cuántas veces te levantaste de la cama sin estar pensando en nada y de repente te surgió una gran idea o la gran solución? Una de las acciones más transcendentales para mi proyecto, surgió mientras me estaba dando una ducha consciente. Otras, corriendo a la mañana. Cuando a través del Mindfulness aprendemos a dejar de estar "maquinando" constantemente, surgen ideas desde un lugar más profundo, que pueden marcar la diferencia.

5.- Mindfulness para la toma de decisiones.

El Mindfulness nos ayuda a ver con claridad lo que hay. A aceptar la realidad como es y no como nos gustaría que fuera. Ver "lo que hay" sin filtros, es fundamental para analizar desde una perspectiva lo más neutra posible, esa realidad sobre la que queremos actuar en nuestra toma de decisiones.

6.- Mindfulness para no perder de vista los valores de tu empresa.

Al principio te hablaba de cómo el Mindfulness nos ayuda a encontrar coherencia. De esa coherencia surgen los valores de tu negocio. Como un brújula, los valores nos ayudan a darle rumbo a nuestra estrategia empresarial.

Estoy convencido de que el futuro de los negocios pasa por crear empresas conscientes que estén realmente alineadas con los valores que promulgan. Sé que esto en las grandes empresas es algo que desde hace tiempo se tiene en cuenta, pero también sé de lo que se desvirtúa el tema cuando las personas que toman las decisiones los pierden de vista.

Ahora que vos tenes las riendas de tu negocio, es importante que las decisiones que tomes estén alineadas con tus valores, para no perder esa coherencia que habías ganado con tu decisión de emprender. El Mindfulness nos ayuda a detectar cuando nos desviamos de ese camino. Desde el cuerpo, desde el sentir, más allá de tu cabeza, vas a poder percibir las señales que te avisan de que no estás dirigiendo tus pasos hacia el rumbo elegido.

7.- Dar lo mejor de nosotros soltando el resultado.

Cuando emprendemos desde el genuino proceso personal que te conté al principio, hacer de la mejor forma nuestro trabajo es ya un logro y una fuente de disfrute en sí mismo. La cuestión es que muchas veces nos apegamos a nuestras expectativas y sufrimos porque los resultados esperados no llegan. Entonces nos impacientamos, forzamos la máquina y nos resistimos a que las cosas sean como son.

El Mindfulness te va a ayudar a disfrutar del camino soltando el resultado. Cuando tengo la certeza de estar haciendo las cosas bien y doy por bueno el proceso en sí mismo sin darle tanta importancia a los resultados, los resultados llegan.

En esta sociedad en la que se da tanto valor al resultado, nos olvidamos de disfrutar del proceso…Confiá en el proceso

Oigo hablar a muchos referentes del mundo del emprendimiento sobre la importancia de meditar para poder entrenar nuestra mente en la atención plena, hacer con eso nuestro negocio más productivo y sentirnos mejor. Pero como ves, el Mindfulness en toda su amplitud va mucho más allá de lo que muchas veces se presenta como una herramienta. El Mindfulness es una filosofía de vida que aplicada al proyecto empresarial, constituye un pilar en sí mismo. Un pilar que además, le da transcendencia a lo que hacemos, desarrolla nuestra intuición, añade a nuestra sabiduría mental la del cuerpo y el corazón y nos alinea con nuestro propósito vital.

Enfocado en una sola cosa

El poder de enfocarse en una sola cosa

Seguramente sabias o intuías que **la clave del éxito en la vida radica en enfocarse en una sola cosa,… la más importante.** El poder de enfocarse te va a ayudar en este mundo actual donde todo parece ser urgente y muchos buscan tener todo inmediatamente.
Ante esta realidad, cualquiera de nosotros termina sintiéndose abrumado ante tantas cosas que demandan atención y tiempo.
Este estilo de vida puede ocasionar que tengas que dejar de lado aquellas cosas que son más relevantes para tu felicidad. Ante eso es importante aplicar el concepto de **menos es más** o el poder de restar. No obstante, en este capítulo, primero te voy a explicar por qué es importante enfocarse en una sola cosa, la más importante.

Cómo enfocarse en una sola cosa

Permitime compartir con vos una sencilla pero poderosa pregunta que yo llamo: **"relevamiento mental"**, la cual es capaz de transformar toda tu existencia si la dejas acompañarte en tu recorrido por la vida. ¿Estás listo(a) para esta reflexión?

La pregunta es la siguiente:

- *¿Qué es lo más importante que necesitas lograr en estos momentos, que al hacerlo te facilitará el logro de todo lo demás que te propones?*
- *¿Qué es lo más relevante que necesitas lograr en este momento?*

Seguramente te van a venir varias ideas a la mente, lamentablemente solo podes elegir una de ellas. Vas a seleccionar la idea más importante, la más relevante. Es por eso que llamo a esta pregunta "relevamiento mental", porque no te queda otra que buscar el pensamiento más relevante.

El poder de enfocarse surge en la respuesta a la pregunta anterior y puede ser hasta un medio que responda a la pregunta: **cómo encontrar tu pasión en la vida.** Muchos te van a decir: «**sé feliz hoy**«, pero no es fácil serlo. Es acá donde el relevamiento mental brinda el **poder de enfocarse** no solo en lo más importante, sino también en lo que más feliz nos hace.

Podes aterrizar todas tus ideas en un papel. Si te vienen a la mente cinco cosas, vas a anotar las cinco. Después, vas a preguntarte, si tuviera que seleccionar una de estas cinco cosas, como las más importante a lograr en este momento, ¿cuál sería? La que selecciones va a ser tu target, tu foco de ahora en adelante hasta que la alcances o deje de ser importante.

Por qué enfocarse en una sola cosa

¿Por qué te pido relevar tus objetivos en orden de importancia?. Porque tenes que pegarte a esa idea como una estampilla lo hace con un sobre. La invitación es a adherirte a esa idea en mente, cuerpo, pero sobre todo en corazón.

Así como la estampilla se pega en el sobre hasta que llegue a su destinatario, vos **te vas a pegar a una sola cosa hasta que logres el resultado**.

Hay un proverbio ruso que dice:

"Si persigues dos conejos al mismo tiempo, no vas a atrapar a ninguno». Así que mejor persigue lo más importante".

¿Por qué te pido perseguir solo una cosa? Simplemente para que generes los resultados que buscas. Quiero que mires hacia atrás y recuerdes tus grandes éxitos. ¡Elegí solo uno! Quiero que le prestes tu total atención a ese logro.

Haciéndolo vas a descubrir algo muy interesante: donde tuviste un gran éxito, estoy seguro que tus esfuerzos se concentraron en solo una cosa. Ahora, también estoy seguro que donde no alcanzaste un éxito rotundo, fue porque tu enfoque era muy amplio y disperso.

Recorda la pregunta:

- *¿Qué es lo más importante que necesitas lograr en estos momentos…que al hacerlo te facilitará el logro de todo lo demás que te propones?*

Se trata de enfocarse en una sola cosa.

En el best seller **Sólo una cosa**(1 Thing), que también podemos traducir como "La única cosa" o «Solo una cosa», escrito por **Gary K. Weller** y **Jay Papasan**, los autores afirman que el poder de enfocarse es la mejor manera de obtener lo que queres en la vida.

Muchas personas cuando escuchan esto dicen, - suena excelente, pero ¿cuál sería esa única cosa para mí? - Nuevamente, mi contestación es simple, pero también profunda. Es la siguiente:

- *Esa es la respuesta que tenes que encontrar…*

Cuando empieces a poner el poder de enfocarse al servicio de lo importante, te vas a dar cuenta que vivir en función de este marco de pensamiento no se trata de un evento, se trata de un proceso. Se trata de un estilo de vida focalizado en lo verdaderamente importante en cada etapa de tu vida.

Este estilo de vida brinda el poder del enfoque en lo importante.

Focalizate solo en una cosa

Con el tiempo aprendí que uno necesita una meta fija donde focalizar su energía. Esta es la clave para los resultados extraordinarios. Ya sea que tengas **muchas metas** o que **no tengas metas** en lo absoluto, en ambos casos tu energía estará dispersa y no vas a lograr el fuego que dará calor a tu existencia.

En el primer caso, cuando tenes muchas metas, la energía se disipa y esto hace que no logres grandes resultados. ¿Alguna vez intentaste quemar una hoja con una lupa y la luz del sol?. El efecto extraordinario de la lupa sale a relucir cuando logras enfocar y concentrar el haz de luz en un solo lugar, de la misma manera tu poder se libera cuando focalizas tus esfuerzos en solo una cosa.

En el segundo caso, cuando no tenes una meta importante en la que puedas aplicar el poder de enfocarte, vas a estar prestándole atención a cualquier urgencia que se te presente, por lo vas a quedar a la merced de las cosas que suelen ser más importantes para otros.

Si queres generar una verdadera combustión en tu vida con la energía que tenes, focaliza en solo una cosa, una que sea verdaderamente importante para vos.

No dividas tus pasiones

Te voy a ilustrar este mensaje a través de la historia de un panameño que genero resultados extraordinarios en múltiples ámbitos.

Rubén Blades, es un cantante, músico, actor, abogado y político que sustenta su éxito en el enfoque cuando dice:

- *"No divido mis pasiones, no las fragmento".*

A los 26 años se graduó de abogado en la Facultad de Derecho y Ciencias Políticas de la Universidad de Panamá y termino sus estudios en "Harvard Law Graduate School".

A lo largo de su carrera artística grabo aproximadamente 25 álbumes, compuso 200 canciones y participo como invitado en 15 producciones con artistas de diferentes géneros. También fue actor en más de 30 producciones. En reconocimiento a su labor recibió al menos 10 premios Grammy.

A nivel político, fundó un partido con el que participo en las elecciones presidenciales de Panamá, quedando en tercer lugar. Luego se desempeñó 5 años como Ministro de Turismo.

En entrevista comento:

- *"La gente me pregunta, ¿cómo has hecho para lograr todo eso en 35 años? Yo les contesto que concentrándome en lo que tenía que hacer. Desde que soy ministro, no he tocado una guitarra, ni compuesto una sola canción. No divido mis pasiones, no las fragmento porque de esa forma las destruyo, dispongo de mi tiempo inteligentemente".*

Preguntas para enfocarse en una sola cosa

Voy a ir terminando este capítulo haciéndote unas preguntas para que reflexiones en una sola una cosa:

- ¿Cuánto estás focalizando tu energía en los proyectos verdaderamente importantes para vos?
- ¿Cuáles son esos resultados asombrosos que queres lograr?
- De todos los que vienen a tu mente, ¿Cuál es el más importante a lograr en este momento?
- ¿Cuánto tiempo le estás dedicando a ese resultado?
- ¿Sabes cuál es esa única cosa sobre la que tenes que focalizar, y que al hacerlo, te facilitará el logro de todo lo demás que te propones?
- ¿Sos de las personas que cree que no tiene el poder de enfocarse en una sola cosa? Si es así, ¿cuándo vas a comenzar a encontrarla?

Confiá en vos, pero sobre todo, usa **el poder de enfocarte en una sola cosa** y vas a ver que grandes cosas vas a lograr, una a una.

¿Puedo emprender un negocio On-Line solo… ?

Durante mis primeros años en diferentes proyectos algunos Online y otros no, **hice todo yo mismo** lo que me atraso muchísimo y en algunos casos me jugo en contra

Cuando me preguntan si volvería a hacer las cosas de manera diferente, mi respuesta siempre es la misma: Si totalmente!... . Si pudiera retroceder y volviera a mis primeros años de emprender, sin duda haría dos cosas, Me buscaría un **Mentor** que me acompañe y acelere el proceso y armaría un equipo, **subcontrataría antes.** Pero no reniego de todo lo que hice porque todo lo que hice me trajo hasta acá y me permitió crecer y aprender. Simplemente que de la otra forma me habría ahorrado un montón de tiempo, y el tiempo es uno de los grandes tesoros que debemos cuidar.

Tampoco puedo descartar el hecho de que al hacer tanto yo mismo desde el principio me sirvió para construir una completa familiaridad con todos los aspectos de emprender y con el mundo online y con todos los elementos para desarrollar proyectos y negocios.

No era un programador, ni un diseñador gráfico, ni un redactor, ni un administrador de servidores, ni un vendedor, ni un administrador de proyectos, pero desarrollé habilidades en todas estas áreas y más, y entendí cada uno de los roles que desempeñan las personas.

Esta sensación de familiaridad me hizo **ágil**.

Puedo configurar proyectos rápidamente y perdí el miedo de encarar emprendimientos offline u online en cualquier punto del planeta. Se cómo moverme y cómo ganar dinero, el resto es una cuestión de ejecución.

La comodidad que obtuve al transitar este camino me ayudó a reducir lo que para la mayoría de las personas mata sus proyectos, incluso antes de que los comiencen: …**el miedo.**

Nunca tuve una sensación de duda sobre la construcción de las piezas necesarias del rompecabezas. Solo me preguntaba si a la gente le gustaría mi creación una vez que estuviera disponible.

¿Debería buscar ayuda?

Como dice el Genesis, "No es buen que el hombre este solo" Como te comente anteriormente, si bien yo comencé solo mi camino de emprendedor, estoy convencido que si queremos buenos resultados y no perder tiempo, debemos ir armándonos de un grupo de personas que nos acompañen en el camino.

La primer ayuda que buscaría es la de un **Mentor** porque uno de los activos más importantes que debemos procurar en nuestra vida profesional es contar con la experiencia, la crítica sincera, e incluso las conexiones, de un mentor.

Un mentor nos ayuda a canalizar, con sus consejos, nuestros conocimientos y capacidades. En mi experiencia personal, mis mentores me inspiran y guían a alcanzar el éxito en muchas de las metas que me voy proponiendo. Quiero hablarte brevemente acerca del concepto, tareas y habilidades de un mentor, así como de los beneficios de que tengas uno.

¿Qué es un mentor?

Un mentor está definido en el Diccionario de Oxford como un "experimentado y confiable asesor" y Economipedia se refiere a "un consejero o guía que a través de la experiencia y el conocimiento ayuda a otra persona a llevar a cabo sus objetivos". En cualquier caso, las tareas que debe cumplir un buen mentor son:

- Escuchar
- Hacer preguntas que ayuden a desarrollar el entendimiento.

- Proporcionar información, conocimiento y compartir redes informales.
- Facilitar asesoría en el desarrollo de carrera.
- Ofrecer diferentes perspectivas.
- Apoyar y animar.
- Suministrar una visión de tu trabajo y tu carrera.
- Ofrecer guía y asesoramiento en búsqueda de cualificaciones.
- Ser un repetidor de información.
- Ser un amigo crítico.
- Promover la autorreflexión.
- Ayudar a identificar áreas de desarrollo.

Beneficios de tener un mentor.

Visión más amplia. Como el ya atravesó situaciones similares, el mentor tiene una visión o perspectiva más completa y sabe que alcanzar el éxito no es fácil. Este conocimiento es el que le permitirá guiarte de la mejor manera posible.

Mayores conocimientos. El camino recorrido le suministra al mentor una sólida base para aconsejarte qué hacer y qué no. Al minimizarte la posibilidad de cometer errores, te está ayudando también a ahorrar tiempo y dinero.

Más conexiones. Establecidas a lo largo de su experiencia, las relaciones o red de tu mentor pueden abrirte puertas en el momento que lo necesites

Ayudan a establecer objetivos medibles. Un mentor te va a ayudar a clarificar tus ideas y a identificar tus metas, y de esa manera vas a poder establecer objetivos medibles.

En resumen, contar con la ayuda de un mentor es una poderosa herramienta que, bien empleada, te va a permitir avanzar en tu proyecto y también, crecer como persona.

¿Se pueden tener varios mentores?

En mi opinión personal, elegir múltiples mentores, simultáneamente o durante un tiempo, puede resultar beneficioso.

Al comienzo del viaje, o al comienzo de una nueva carrera, busca a alguien con quien te sientas cómodo y te conectes. Un mentor más específico de tu nicho o área de emprendimiento puede ser una buena opción. Un mentor adecuado para vos podría ser alguien técnicamente capacitado y que te brinde soluciones tangibles y prácticas a tus problemas. Más tarde, podes buscar en otra parte un mayor crecimiento personal y profesional.

Es muy posible que no necesites más conocimientos e información. Podrías estar queriendo un Mentor debido a que lo que estas buscando es como hacerlo mejor. A veces, los mentores son mejores para simplificar conceptos. Podes administrar tu propio aprendizaje y perfeccionar tus habilidades, pero el mentor te va a ayudar a mejorar tu desempeño en múltiples áreas.

En tu viaje como aprendiz, debes estar abierto y receptivo. Vacía la taza, preparate para aprender. No podes ir con una taza llena y esperar que el mentor haga su trabajo. Para el mentor, el principio más importante a seguir es que a nadie le importa cuánto sabes hasta que saben cuánto te importa.

Confieso que la mentoría es algo que disfruto al máximo. Me encanta ser mentor de emprendedores que desean llegar más lejos. Si queres saber más de mis propuestas de mentoría, acá te dejo los links para que puedas ver las alternativas disponibles y ojala nos veamos pronto:

Además de un mentor, que otras áreas claves deberías cubrir para iniciar un emprendimiento

Poder contar con ayuda para tener cubiertas las principales áreas de un emprendimiento es indispensable para que el proyecto perdure en el tiempo y no se muera en el intento. Te voy a contar cuáles son las áreas que deberías tener bien atendidas al momento que decidas empezar con tu proyecto, puede que inicialmente por un tema de bajo presupuesto seas vos el que se ocupe de cada área pero sería ideal que ni bien te comience a ingresar dinero vayas tercerizando estos roles en gente que sea profesional en este tema.

Todos para uno y uno para todos

Tanto en la etapa previa de dar comienzo a un emprendimiento, así como también en el transcurso del mismo, vas a escuchar de todo pero te pido que te concentres en las buenas recomendaciones, los consejos de gente con más experiencia y opiniones que sean constructivas y te ayuden a dar los primeros pasos. Si bien la práctica y la puesta a prueba juegan un rol fundamental, poder nutrirse de información sobre los puntos básicos de un emprendimiento te va a permitir **evitar que te pegues un golpe doloroso que te pueda costar caro.**

Partiendo de esta base, tenes que comprender que, al igual que ocurre con cualquier proyecto, existen áreas o puestos que deben ser cubiertos de alguna manera para garantizar el correcto funcionamiento de un emprendimiento. Lejos de ser un asunto menor, ante la falta o mala atención de cualquiera de estas áreas, seguramente el emprendimiento va a perder estabilidad y los números no te van a cerrar. Por esta razón tenes que intentar conducir de la mejor manera que puedas estas áreas ya que, como ya hablamos, son claves para que tu emprendimiento marche sobre ruedas y sobre todo en el arranque. Entiendo que al comienzo puede que no tengas el presupuesto para afrontar estos gastos, tenes que entender que estas en alto riesgo y que lo antes posible tenes que tercerizar estas áreas sobre todo en la que nos sos para nada un experto. El 80% de las pymes en Latino América no logra llegar a su segundo año de vida debido a que nunca logran dar el paso de profesionalizar estas áreas claves (Entre otras razones).

Y ahora si te voy a hablar de las cuatro áreas que deberías tener bien atendidas cuando decidas empezar con tu proyecto.

Las 4 áreas indispensables de un emprendimiento

Para que logres llevar adelante un emprendimiento ordenado creo que es primordial que mínimamente te enfoques en estas primeras cuatro áreas claves si es que queres alcanzar buenos resultados. Si bien existen otras áreas además de estas cuatro, estas son relevantes y no solo no pueden quedar desatendidas, sino que merecen de un atento y especial control de tu parte.

Contabilidad y Finanzas

Siendo un tema que en muchas ocasiones asusta y en otras entusiasma, poder administrar correctamente los recursos financieros y los registros contables de tu emprendimiento es una cuestión prioritaria ya que de estos dos puntos dependerá el futuro del negocio. En pocas palabras, se podría explicar que esta área se fundamenta en el **registro de la actividad económica e impositiva, observa el flujo del dinero, analiza los ingresos, los gastos y el impacto impositivo de nuestra actividad.** También nos permite diseñar los planes a futuro. ¿Queres una plantilla de Excel de regalo para comenzar a seguir tus finanzas?

Acá te dejo el link para que te la bajes y la uses las veces que quieras.

Marketing y ventas

Si bien es cierto que el término de marketing puede ser entendido como un concepto amplio que tiene injerencia en muchas áreas, lo principal a destacar aquí es que el mismo adquiere un valor primordial al dar los primeros pasos y claramente creo que todos entendemos de que se trata la palabra "Ventas" o al menos sabemos mínimamente su significado.

Lejos de ser un área simple, si realmente queremos hacer las cosas bien, **tenemos que meterle tiempo de estudio y análisis para aumentar realmente el alcance que nos puede dar.**

Conseguir, retener y fidelizar clientes es imprescindible para que después logremos ventas. **Sabiendo cual es el Avatar de tu cliente, cuáles son sus dolencias y su perfil, tenes que armar un estrategia de contenidos en las diferentes redes sociales y armar tus embudos de ventas que te permitan convertir a los que van siguiendo tu contenido o tus anuncios en clientes y lo más importante, hacerlo recurrente. Definir las campañas de email marketing, los precios, los cupones de descuento, los upsales,** las plataformas donde montar toda nuestra "Landing Page" y vamos a configurar nuestras pasarelas de pagos son algunos de los ejemplos a tener en cuenta.

Después de pasar por distintos proveedores, encontré en Systeme.io la plataforma más completa e integral de todas. Todo lo hablado anteriormente puede ser implementado en **Systeme** y lo más interesante es que tiene un primer nivel de entrada que te permite montar tu negocio, tus landing pages, tus pasarelas de pago y tus campañas de correo **"Gratis".**

Si queres probar Systeme.io, acá te dejo el link para que puedas crear tu cuenta gratis y comenzar a probarla hace clic en la imagen o escanea el código QR.

Logística

Si estas en el mundo de los productos **"tangibles y físicos"** y no en el mundo de los **"Productos Digitales o Info productos"**. La logística es un punto fundamental de tu emprendimiento. El tiempo de espera desde que un cliente realiza una compra hasta que recibe el producto depende mucho de una buena planificación. Etapas como el empaque, almacenamiento, transporte, distribución y seguimiento (Tracking) impacta en el ánimo y satisfacción de tu cliente, y **una mala logística aumenta el riesgo de perderlo por completo, una posible devolución del producto y una mala calificación.** Dicho esto, si bien el rubro al cual te dediques va a tener una gran incidencia, la logística no puede quedar relegada a un segundo plano.

Atención al Cliente
Ladran Sancho, señal que cabalgamos decía Don Quijote, si todo comienza a funcionarnos bien y la cantidad de clientes aumenta mes a mes, también van a aumentar las consultas y los reclamos de alguno de nuestros clientes y es fundamental que respondamos en tiempo y forma para que su experiencia sea la mejor. Muchas veces se cree que la satisfacción del cliente depende netamente de la calidad de un producto o servicio, sin embargo, la atención que recibe previa a la compra, durante el proceso y después de comprar puede generar fidelidad o un rechazo que te condene.

Otros han tenido éxito solos

Durante estos años conocí a muchos emprendedores exitosos. Hay una historia común presente en la mayoría de estos tipos que me llevaron a reflexionar lo siguiente:

Las personas que comienzan con nada, hacen todo por sí mismas al principio, hasta que tienen un nivel significativo de éxito.

Por lo general, debido a limitaciones financieras, o simplemente un deseo de mantener el control de todo, los emprendedores en la etapa inicial y en especial los que buscan construir un negocio en las redes que se transforme en su estilo de vida, a menudo hacen todo por sí mismos.
Ese no es necesariamente el camino más rápido o ágil, pero en muchos casos no hay otras alternativas a la vista. El siguiente escenario, de alguna forma, es el proceso por el que pasan muchos emprendedores:

- Terminan el colegio, la universidad o están desempleados y consiguen un trabajo y descubren que por distintas razones **NO** les gusta.
- Buscan otras formas de ganar dinero con algún emprendimiento online y comienzan proyectos paralelos mientras continúan en su trabajo (Que no les gusta).
- Pasan grandes cantidades de tiempo en uno o más proyectos paralelos hasta que ganan suficiente dinero para renunciar a su trabajo.
- Continúan haciendo crecer su proyecto o negocio y luego *eventualmente* contratan a personas para que los ayuden.

Toda la configuración de la etapa inicial se realiza sola. Incluso las personas que apenas sabían cómo encender una computadora, o usar el celular, de alguna manera logran aprender a configurar un sitio web, generar una historia, hacer un video, generar tráfico y vender algo para comenzar a ganar dinero.

Por supuesto que tenemos que ser realistas. No hay duda de que hay muchas más historias (pero muchas) que no escuchamos de personas que intentan hacerlo solas y que nunca tienen éxito.

Sin embargo, el punto importante, que quiero que saques de este capítulo, es la **posibilidad de construir un flujo de ingresos online por vos mismo sin perder de vista que para pasar al siguiente nivel es necesario armar un equipo.**

La oportunidad de crear un negocio online está disponible para vos. Si crees que hay algo que te estás perdiendo, que no podes pagar, o que no sabes hacer en este momento, que te está frenando, creeme que te estás mintiendo a vos mismo. No es una *restricción*, solo una **creencia limitante**.

BONUS: ¿Queres ser un Nómada Digital?

Internet hoy nos da todas las herramientas que necesitamos para un estilo de vida móvil. La pandemia marco un antes y un después y lanzo a mucha gente de un día para el otro al trabajo remoto. De repente una charla o una presentación en Zoom paso a ser algo de la vida cotidiana, Dejar la vieja "PC" de escritorio y mudarnos a una Notebook o a una Tablet fue un paso necesario. De golpe muchos se dieron cuenta que la tecnología nos permite conectarnos desde casi cualquier punto del planeta y seguir con nuestras trabajo. Sin embargo, muy pocas personas que intentan ganar dinero online pueden dejar su casa, su oficina y su computadora de manera realista durante largos períodos de tiempo, o las cosas tienden a desmoronarse.

Si no tenes implementados sistemas automatizados o seguís el modelo de negocio equivocado, la web puede convertirse en una trampa tanto como un negocio o trabajo estándar.

Te voy a contar cuales son los criterios que creo que son vitales si queres tener la libertad de trabajar desde donde quieras y cuando quieras, y trabajar en las condiciones más te gusten.

Tu elección del modelo de negocio influye en gran medida en tu capacidad para cumplir con los siguientes tres criterios:

1. La libertad de elegir las actividades que realizas para el trabajo y cuándo y dónde haces el trabajo (queres hacer algún trabajo, pero no todo el tiempo).

2. Ingresos lo suficientemente significativos como para hacer lo que quieras sin preocuparte por no tener suficientes ahorros para el futuro (no estamos hablando de necesitar cientos de miles de dólares, pero sí necesitamos activos para el futuro).
3. Un flujo de caja continuo que sea independiente de tu participación personal diaria (normalmente se lo denomina ingreso pasivo), o al menos un ingreso que no requiera un trabajo continuo de tu parte, es crítico, al igual que los sistemas y las personas con las que trabajas para ayudar a generarlo.

Si deseas crear un estilo de vida que esté respaldado por un negocio en Internet, pero no ser dominado y esclavizado por este, entonces tenes que tener bien en claro lo que realmente queres, Porque podes llegar a ser un hombre de negocios extraordinariamente exitoso, pero vivir en una cinta de correr de trabajo constante y con poca libertad verdadera.

¿Qué es un nómada digital?

El concepto de nómada digital une dos aspectos en su definición. Por un lado, se trata de una persona que realiza un trabajo o presta un servicio a sus clientes de forma remota, por canales cien por cien digitales. Por el otro, esta persona no dispone de una localización fija, sino que elige dónde vive y se desplaza de forma habitual a lo largo del año mientras se gana la vida. No tenemos que pensar en grandes desplazamientos, puede ser dentro de una localidad a otra dentro de tu mismo País, trabajo en verano en la playa y en Invierno en la montaña o hay personas que les gusta trabajar desde distintos bares…en fin, la clave está en tener la capacidad de trabajar desde donde más te guste.

El nomadismo digital surgió tal y como lo conocemos a finales de los años 90, aunque en ese momento se trataba de un pronóstico ya que teníamos algunos limitantes tecnológicos y costos muy altos de conexión. Recuerdo trabajar remotamente conectándome por línea telefónica y en algunos casos con mi Celular Motorola StarTac y una Notebook cuya batería solo soportaba 3 horas, era cariiiiiiisimo y poco ágil, pero se podía. Teníamos la esperanza de que la tecnología y las comunicaciones globales tarde o temprano nos iban a permitir trabajar como profesionales "móviles", cosa que más o menos se logró a partir del año 2010. Poco tiempo después apareció uno de los principales libros que inspiraron este movimiento, llamado "La semana laboral de 4 horas" de Tim Ferriss que nos rompió la cabeza a muchos.

A partir de ahí, tomo fuerza el concepto de trabajar de otro modo, "escapando" el modelo tradicional en una oficina de 9 a 5 y viviendo, por qué no, en otros lugares más baratos, exóticos o emocionantes, o simplemente en "Otro Lugar". Claramente en muchos casos, eso viene acompañado de montar tu emprendimiento propio, perseguir un proyecto personal o transformarte en un profesional de tipo freelancer, trabajando de forma libre para clientes de todo el mundo.

Con el tiempo, aparecieron distintas variaciones de esta cultura, desde los nómadas de tipo "slow" que se mueven menos veces al año y pasan largas temporadas en un mismo lugar, y tenemos a otros que saltan de país en país coleccionando sellos en el pasaporte y conociendo a mucha gente nueva todos los días. Pero la esencia siempre es la misma, la libertad de trabajar desde donde más nos guste.

Beneficios y Retos del Nomadismo Digital

Trabajar como nómada digital tiene la ventaja principal de la flexibilidad y la independencia. Al no estar atado a un lugar, podes desplazarte para donde quieras y, vivir en una localización donde tus costos de vida sean menores, o tengas algún otro motivo como calidad de vida, paisajes, beneficios impositivos, etc.

Además, el trabajo en remoto también facilita la consideración de cómo integrarlo con el resto de tu vida personal, tus relaciones familiares, las amistades o a aspectos creativos.

Del mismo modo, es un enfoque que te permite cumplir tu sueño de viajar más, ver el mundo o distintas zonas de tu país . Con el tiempo, se establecieron ciertas localizaciones como puntos más de moda para los nómadas digitales -como ser, Tailandia, Bali, México o Portugal- y eso facilito muchas colaboraciones entre nómadas, así como redes de apoyo para solucionar los obstáculos de vivir en el extranjero. Últimamente esta resonando mucho Dubái como un nuevo paraíso para los Nómadas Digitales o los emprendimientos Online.

Tenes que tener en cuenta también que, aunque es un estilo de vida atractivo, también tiene desventajas, porque puede ser estresante en ciertos momentos, y la falta de estabilidad constante, como por ejemplo no tener una casa fija, no es para todo el mundo. También requiere mucha disciplina personal para trabajar en entornos cambiantes, y por supuesto, es importante encontrar un equilibrio entre trabajo y el tiempo libre para evitar el burnout.

Otro de los retos más comunes es el movimiento de dinero. Y no sólo estamos hablando de tenerlo en el bolsillo para pagar los gastos, el alquiler o la comida que te permitan sobrevivir. Cobrar a clientes en el extranjero, cambiar divisas o realizar pagos es un reto no menor sino lo tenemos solucionado y también corremos el riesgo de perder dinero, y ahí es donde plataformas como Wise o Payoneer aportan una solución muy útil.

5 Requisitos para ser un nómada digital

Si bien no es una regla rígida ni estipulada, acá te dejo al menos 5 de los requisitos que deberías cumplir para llevar este tipo de vida:

1. Trabajo remoto con base a objetivos

El trabajo remoto es fundamental si queres ser un nómadas digitales, es imposible pensar en viajar o moverse de un lado a otro manteniendo un estilo de vida bajo el esquema tradicional de ir a una oficina .

Además, es súper relevante que tu trabajo este mayormente basado en alcanzar objetivos ya sean diarios, semanales o mensuales y no en cumplir horarios, la pandemia por suerte logro cambiar en gran parte ese esquema rígido con lo cual es muy común hoy día el trabajo "Por Objetivos", lo que nos da la posibilidad de tener mayores libertades para movernos de un lado a otro.

2. Flexibilidad horaria

Vuelvo a recalcar la importancia de que tu trabajo te ofrezca la suficiente flexibilidad horaria para que, sin importar que sea en la mañana, la tarde, la noche o a la madrugada, puedas trabajar para cumplir tus objetivos **sin estar esclavizado a seguir un horario** específico.

No solo es necesario que no tengas que cumplir horario, sino que las fechas de entrega tengan la suficiente flexibilidad para que tengas mayores libertades, este punto puede ser más una expresión de deseo que una realidad pero si logras tener fechas de entrega flexibles vas a estar en el paraíso.

Si no es tu caso, no te estreses pero puede que estes un poco más limitado para movilizarte.

3. Tener una profesión adecuada

Creo que es obvio que NO todas las profesiones nos permiten trabajar como un nómada digital. Hay profesiones que exigen sí o sí que cumplas un horario o que te límites a un lugar físico.

Por ejemplo, si sos mecánico de coches o neurocirujano o escribano , es muy difícil que trabajes de manera remota, es el tipo de profesiones que por lo general exige que estés presente en un lugar de trabajo.

Por eso, o el negocio debería ser 100% digital o tu profesión te debe permitir trabajar 100% remoto.

4. Contar con buena conexión a internet

Esta más que claro y es obvio que contar con una conexión a internet es fundamental para que puedas seguir trabajando a distancia. así que a donde vayas, tenes que asegurarte que el lugar al que viajes cuente con una **buena conexión a internet, sin conectividad no hay trabajo remoto...**

5. Hablar inglés u otros idiomas

Ya que seguro vas a conocer diferentes culturas y lugares en los sitios que visites, es vital que puedas **comunicarte con los lugareños de la región.** Pero como es imposible aprender todos los idiomas de los lugares que vas a visitar, lo mejor es que aprendas a hablar inglés o al menos hagas el intento mínimo para manejar las oraciones básicas que te permitan comunicarte.

El inglés es uno de los idiomas universales que se maneja en casi todos los países, de modo que manejar este idioma te va a dar mayores probabilidades para comunicarte con la gente del país que visites.

¿Cómo es el estilo de vida de un nómada digital?

Navegando por internet o en las redes sociales vas a encontrar muchos nómadas digitales que hablan de su experiencia trabajando mientras conocen nuevos lugares, graban reels, publican videos en YouTube. Ellos seguramente van a poder contarte más detalles específicos sobre el día a día en su experiencia como nómada digital.

Pero desde ya te puedo asegurar que ser nómada digital **no es estar frente a una playa, bajo una sombrilla trabajando con tu Notebook**. Eso es puro humo, marketing y publicidad, olvídate de esa imagen porque si no vas a emprender este camino por una razón equivocada.

La verdad es que el estilo de vida de un nómada digital es más o menos así:

- **Visitar varios lugares al año:** los nómadas digitales no necesariamente viajan todas las semanas. Según una encuesta realizada por Welance, el 44% de los nómadas digitales permanece de 1 a 3 meses en una misma localidad, mientras que el 9% visita alrededor de 10 países diferentes al año. ¡Vos decidís cuánto vas a viajar durante el año!
- **Adaptarse a los idiomas y a la zona horaria del país:** si bien aprender inglés como te mencione antes, es un gran plus para comunicarte con personas de otras culturas, no deja de ser un desafío el tener que acostumbrarte a nuevos idiomas y acentos varias veces al año. Además, dependiendo de los países que visites, los cambios de zona horaria pueden ser muy fuertes.
- **Llevar lo menos posible:** los nómadas digitales tienen que llevar un estilo de vida minimalista que les permita moverse de una lado a otro de la manera más sencilla.
- **Obtener las visas para quedarte en el país**: sobre todo para quedarse largos periodos de tiempo en un país. Por eso los nómadas digitales suelen planificar sus viajes con anticipación para solicitar las visas que necesitan.

- **Cuidar de tu salud en el camino:** con tantos cambios en la vida, los nómadas digitales tienen que cuidar mucho de su salud física y mental para mantenerse en buen estado, el tipo de comida y la calidad pasan a ser fundamentales para no sufrir.
- **Dar consejos a otros nómadas digitales en la web:** este tipo de profesionales suele tener una vida muy activa en redes sociales o en sus propios blogs, donde dan consejos a otros nómadas digitales.

Ser o no ser: ventajas y retos de ser nómada digital

Como mi intención es que una vez que leas esto tengas las herramientas para que puedas tomar una buena decisión, te menciono algunos de los beneficios que vas a obtener si decidís ser un nómada digital, pero también te voy a contar sobre los retos que te esperan en el camino si finalmente decidir probar suerte con este estilo de vida.

Ventajas de ser un nómadas digital

Como ya fuimos hablando, estos son algunos de los beneficios de ser un nómada digital:

- **Más tiempo libre**, ya que no vas a perder tiempo viajando de la oficina a casa y de casa a la oficina. Además, al trabajar cumpliendo objetivos, podes tener más horas libres si cumplís los objetivos antes de tiempo. Es increíble la cantidad de horas que recuperas!
- **Viajes más largos** ya que no tenes más la presión de que tenes que regresar para volver al trabajo lo que antes era una salida de fin de semana puede transformarse en una salida de 15 días, mientras tengas conectividad ¿qué te lo impide?
- **Un estilo de vida como más te guste** viviendo donde quieras, mudándote cuando quieras sin pedirle permiso a ningún jefe, mientras cumplas tu trabajo da igual donde vivas.

- **Vivir en climas más agradables**, vos decides dónde vivir. Así que puedes escoger el clima que más te guste. Tenía unos amigos que por mucho tiempo persiguió los veranos y las primaveras
- **Compartir más con tu familia**, sobre todo si vivís alejado de tus familiares. Podes hacer una ruta al año para visitar a varios familiares en diferentes lugares.
- **Ser un profesional como el que siempre quisiste**, ya que ser un nómada digital no es ser menos profesional. Tu crecimiento y desenvolvimiento profesional es muy importante.

Retos de ser un nómada digital

No todo es color de rosa, ser nómada digital también viene con sus retos. Acá te cuento algunos retos que seguramente vas a enfrentar siendo un nómada digital:

- **La búsqueda incesante de una buena conexión a internet:** este es uno de los retos más grandes del nómada digital. La estabilidad y la calidad del servicio de internet varía mucho según el país que visites. Incluso, algunos países tienen problemas de cortes eléctricos. Así que tenes que esforzarte por buscar un lugar donde haya buena conexión a internet porque si no tu vida va a ser una pesadilla, te lo puedo asegurar
- **El papeleo necesario para viajar a otro país:** en caso de que quieras visitar varios países, tenes que investigar los requisitos que te exigen para poder visitar un nuevo país y hacer el papeleo correspondiente de manera regular. La dificultad es que algunos países son más estrictos que otros para poder visitarlos y no esta bueno quedarse varado o en tránsito porque nos faltó un papel o se nos pasó un detalle como que nuestro pasaporte vence en 2 meses y no nos dejan ingresar. Quedar en el "Limbo" entre países puede afectar nuestro trabajo y sin dinero no hay nómada…

- **Saber distinguir las responsabilidades laborales y el tiempo de diversión:** cómo vas a estar de viaje y conociendo nuevos lugares, es muy fácil distraerse y no cumplir tus responsabilidades laborales. El desafío más importante es mantener un buen equilibrio entre tus responsabilidades laborales y tus viajes, cuando se jode se jode y cuando se trabaja se trabaja.
- **Mantener un equilibrio entre crecer profesionalmente y viajar por el mundo:** en otras palabras, no te olvides de crecer profesionalmente. También es bueno que dediques tiempo a tu capacitación.
- **Adaptarse a tantos cambios:** cambios horarios, nuevas culturas, diferente gastronomía, otros idiomas y climas distintos son algunas de las cosas a las que vas a tener que acostumbrarte con regularidad con el tiempo vas a ir desarrollando tus propios métodos para que te afecten menos.
- **Mantenerte saludable:** los cambios pueden traer muchos problemas a nivel de salud. Así que es importante que le des mucha importancia a mantenerte saludable. Y más que nada es importantísimo que tengas un buen seguro de viajero, enfermarse o tener un accidente en algunos países puede ser carísimo y si no tenemos un seguro de viajero, nuestra vida de Nómada se termina en un segundo. No pensemos en cosas complicadas, un dolor de muelas o una caries puede transformarse en algo complejo según el país donde estemos.

Las 3 maneras de ser un nómada digital

Como creo que ya te deje en claro, no podes ser un nómada digital manteniendo un trabajo tradicional. Por lo tanto, hay tres maneras en los que tu profesión te va a permitir trabajar por el mundo:

- **Siendo un freelancer:** ya que en este modalidad te pagan por trabajo entregado más que por cumplir horarios. Así que es perfecto para el nómada digital.

- **Teniendo una empresa propia**: en especial un negocio digital que te permita trabajar a distancia. Esta fue mi modalidad en los últimos años
- **Trabajando de manera remota**: en la actualidad hay startups y empresas que funcionan 100% remoto y que te facilitarán la vida para trabajar de esta manera. Esta fue mi primer modalidad de trabajo antes de que montara mi propia empresa.

Negocios y profesiones para nómadas digitales

Hablemos ahora de las profesiones con las cuales podes ser un nómada digital. Todas estas profesiones funcionan de manera digital, sea a un 100% o de manera parcial, pero de una manera que podes trabajar 100% remoto.

Podes ser un nómada digital con las siguientes profesiones:

- Diseñador gráfico.
- Desarrollador o diseñador web.
- Marketing digital.
- Especialista en SEO.
- Community manager.
- Social media manager.
- Copywriter.
- Creador de contenido.
- Project manager digital.
- Especialista en publicidad (SEM, Google Ads, o Facebook Ads).
- Analista web.
- Asistente virtual.
- Editor de textos.
- Fotógrafo.
- Programador.
- Editor de video.

- Profesor online.
- Drop Shipping
- Drop Service
- Escritor
- Closer de ventas
- Appointment Setter

Y la verdad es que hay muchas otras profesiones más con las cuales podes trabajar como freelancer o de manera remota.

Pero si hablamos de hacer un negocio propio que te permita ser un nómada digital, estas son algunas alternativas:

- Crear un podcast de suscripción en Anchor, Spreaker, iVoox e incluso, el mismo YouTube.
- Crear un sitio web con membresía o suscripción online para recibir un beneficio: como un producto digital, contenido exclusivo, e-books.
- Tener un newsletter especializado pago, sobre todo si tienes información relevante que ofrecer a tus usuarios.
- Vender productos de terceros en una tienda online tipo dropshipping, para que no tengas que estar limitado el reponer stock y en todo la logística que implica.
- Vender cursos online en plataformas como Udemy, Hotmart o en tu propio sitio web.

Herramientas que te ayudarán a ser un nómada digital

Estas son algunas de las herramientas que utilizan los nómadas digitales para aumentar su rendimiento en el trabajo y facilitar sus viajes. Obviamente cada maestro con su librito, hay muchas herramientas dando vueltas y lo que sirve para algunos, son un fracaso para otros pero te aseguro que si usas estas herramientas, tu vida como nómada digital será más fácil:

- **Airbnb:** esta es la plataforma por excelencia que tenes que utilizar para encontrar lugares cómodos y con buen

acceso a internet en cualquier lugar al que vayas. Además, también es una buena idea si tenes una casa en tu país y quieras alquilarla por algo de dinero mientras estás de viaje.
- **Trello:** Trello es un gestor de proyecto que te va a ayudar a optimizar tu tiempo de trabajo y alcanzar tus objetivos en menor tiempo. Muchos nómadas digitales utilizan esta o plataformas similares para aumentar su productividad, Notion.so es otra plataforma muy completa y que deberías tener en cuenta.
- **Calendly:** es una aplicación perfecta para programar las reuniones con tus clientes, sin la necesidad de estar pegado al WhatsApp o al correo y además se sincroniza con tu Google Calendar y Zoom lo que sin duda te va a facilitar la vida.

¿Los nómadas digitales pagan impuestos?

Y sí, si queres una vida tranquila y edificar un crecimiento sin contratiempos, debo decirte que como cualquiera que tiene una actividad comercial, los nómadas digitales deben pagar impuestos, pero atento que la forma y el lugar donde pagas tus impuestos (tributas) puede variar significativamente dependiendo de varios factores. Generalmente están sujetos a las leyes fiscales del país en el que sos residente fiscal, que no siempre coincide con tu nacionalidad o dónde pasas más tiempo. **Lo mejor es siempre consultar con un asesor fiscal o contador.**

Algunos aspectos clave que tenes que considerar:

1. **Residencia Fiscal:** La residencia fiscal se determina por la cantidad de tiempo que pasan en un país y/o su vínculo económico con él. Los nómadas digitales deben entender las reglas de residencia fiscal de los países en los que residen o ganan ingresos para evitar la doble imposición. Lo mismo aplica para nuestras empresas que pueden tener o no la misma residencia fiscal que nosotros.

2. **Ingresos en Diversos Países:** Si como nómada digital ganas dinero trabajando para clientes en diferentes países, debes estar al tanto de las obligaciones fiscales en esos países. Ojo que algunos países pueden pedirte que pagues impuestos sobre los ingresos ganados dentro de sus fronteras.
3. **Acuerdos de Doble Imposición:** Muchos países tienen tratados para evitar la doble imposición, permitiendo que los nómadas digitales no paguen impuestos dos veces sobre el mismo ingreso. Es crucial que te informes sobre estos tratados para gestionar correctamente tus obligaciones fiscales.
4. **Declaración de Ingresos:** Independientemente de dónde vivas o trabajes, deberías declarar tus ingresos de acuerdo con las leyes del país o países donde seas considerado residente fiscal.

Configura la banca internacional

Es bueno que además de trabajar desde donde quieras, puedas cobrar tu trabajo y puedas gastar el dinero que te ganaste. Por eso no es menor con que Banco trabajas o que plataformas utilizas para cobrar, para pagar o para extraer tu dinero. Sin tener esto resuelto es casi imposible que te lances a ser un Nómada Digital. Entonces como primer paso consulta con tu banco antes de empezar a viajar y avísale que vas a estar mucho tiempo en el extranjero, si tu banco actual es una limitante, tene en cuenta que hay alternativas de Bancos Virtuales que te pueden solucionar la vida o al menos una parte

- Averigua cómo enviar pagos internacionales a través de plataformas de pago online(PayPal, Payoneer, Wise, Western Unión, etc.)y configura tus cuentas con plataformas que ofrecen tarifas de transferencia bajas.
- Investiga sobre cuentas bancarias y tarjetas de débito que ofrecen retiros internacionales con cargos bajos o sin cargos, normalmente las plataformas que mencionamos antes ofrecen esa posibilidad.

Preparativos y Planificación

Planificar el cambio para transformante en un Nómada Digital no deberías tomarlo como dicen, "a la ligera", por suerte, hay muchos recursos por internet como Nomadlist.com, que básicamente te ofrece una lista de ciudades y hace una comparativa usando varios criterios como: servicios de salud, Wifi gratis en la ciudad, nivel de felicidad y vida nocturna. Esto al menos te permite resolver la primera pregunta: ¿cuál podría ser mi primer destino como nómada digital?

Debes decidir cuánto tiempo queres quedarte, y empezar a pensar en el siguiente paso. La planificación es imprescindible, incluso si queres ir sobre la marcha. Como ya hablamos, revisa el tema del visado en el país de destino, y busca alojamiento.

Por otro lado, vas a necesitar un seguro médico con cobertura suficiente para todo el tiempo que vas a estar en el extranjero -hay seguros específicos para nómadas digitales, flexibles y con buenas prestaciones. Y también deberás revisar el tema del número de teléfono, para asegurarte de que tu dispositivo puede tener ambos (si queres mantener el original) o bien cómo conseguir conexión 5G, en caso que el wifi te falle algún día. Recorda que tener internet es fundamental y crítico para cualquier nómada digital, sin internet estamos en el horno.

La idea de ser nómada digital es que puedas trabajar en las mismas condiciones que en tu casa, por eso debes asegurarte de que tu tiempo y tu productividad no se ven afectados por tus movimientos.

Desarrollo de Habilidades y Aprendizaje Continuo

Internet cambio la forma en que trabajamos, pero también la forma en que aprendemos. Y eso es muy importante para un nómada digital. Este tipo de profesional, que ya es flexible por naturaleza, debe mantenerse en la cresta de la ola en lo que respecta a desarrollos de su sector, novedades, actualizaciones de tecnología o aplicaciones, y mucho más.

La buena noticia es que hay una cantidad enorme de cursos online disponibles, tutoriales y guías paso a paso, y una gran parte de todo esto es gratis. Hay muchas personas que se convirtieron en nómada digital después de aprender una habilidad muy valorada (como el desarrollo web o la programación) mirando vídeos gratis en YouTube. Además, el bajo costo de vida de ciertos países te permite empezar a ser un freelancer sin una carga económica alta.

A esto sumale que existen plataformas educativas como Coursera, Udemy o edX, que permiten estudiar toda clase de temas, seguir cursos online e incluso certificar los conocimientos adquiridos totalmente online. Cada vez hay más universidades que también ofrecen grabaciones de clases y cursos, algunos de ellos de pagos pero, lo podes lo podes hacer desde cualquier lado y en cualquier momento del día.

Entonces, ¿vale la pena ser un nómada digital?

En definitiva, ser un nómada digital no es para todo el mundo o para cualquier edad o situación familiar. Pero para muchos es el mejor estilo de vida que puede existir.

¿Cómo saber que este estilo de vida es para vos?

Bueno, si te encanta viajar, tu trabajo es apto, tu situación familiar te lo permite y estás dispuesto a asumir nuevos retos sin descuidar tu carrera profesional, deberías considerar en darle un vuelco a tu vida probando aunque sea un tiempo la vida del Nómada Digital.

Eso sí, te aconsejo que seas precavido y prepares todas las cosas de las que ya hablamos con tiempo. Si tenes un negocio, espera a que tenga la suficiente rentabilidad para que puedas vivir como un nómada digital.

Sigamos adelante...

El Pensamiento Inevitable

Si leés algún libro que hable de la psicología positiva de investigadores como **Martin Seligman,** viajando a través de sus textos te vas a encontrar con la noticia de que no todos estamos programados para ser positivos por naturaleza. Vas a caer en algún lugar de una escala donde un extremo es extremadamente positivo y otro extremo es, extremadamente negativo. Esto es simplemente una cuestión de lotería genética, al igual que tu tendencia a ser más extrovertido o introvertido. Lo que hagas a partir de ahí depende de vos, y ahí es donde entra en juego la mentalidad.

La positividad conduce a una vida más feliz, más larga y exitosa, basada en características que valoramos como la riqueza, las relaciones y la salud entre otras.

Siendo un académico, Seligman realizó una investigación revisada por sus colegas para respaldar estas suposiciones. Una y otra vez los estudios concluyeron que los optimistas ganan, a veces, de maneras muy sorprendentes.

Si bien sugirió que las personas nacen con una inclinación natural hacia el optimismo o el pesimismo, Seligman señaló que, a pesar de su visión genética del mundo predeterminada, una persona **puede entrenarse para ser más optimista** y creo que es algo muy deseable que hagamos.

Cuando trabajas en tu propio desarrollo personal hay muchas variables en juego. Comprender cómo algunas cosas como la positividad y la negatividad impactan sobre tus resultados es clave y fundamental.

Esta conciencia llegó a mí a los dieciocho años y ahí es donde comencé a hacer todos los cambios que impactarían para siempre en mi vida.

Comencé a observar mi **estado interno** y ver cómo estaba afectando mi interpretación de lo que estaba sucediendo a mi alrededor

Por ejemplo, si estoy de mal humor porque algo negativo sucedió o por una simple razón como que tengo hambre, tengo sueño o afuera llueve, me mantendría consciente de la razón de mi sentimiento, pero no dejaría que ese sentimiento se apodere de toda mi visión del mundo. (El mundo no es una mierda porque tengo hambre, sueño o porque llueve… ¿Se entiende?) Este es el primer paso importante.

Antes cualquier cosa negativa podía impactar en el humor para el resto del día podía dejar que una mala mañana, o la comida perdida arruinara todo. Inevitablemente entraba en un espiral de patrones de pensamiento negativos que me enojaban aún más, me repetía en mi cabeza que "El día está perdido" y la sensación de fracaso me invadía.

Ahora, en cambio, veo todas estas condiciones como "temporales" y me recuerdo a mí mismo que no tengo que dejar que estas condiciones temporales tengan un impacto en mí humor del día ya que ahora soy consciente de que van a cambiar rápidamente. Nada es para siempre, dice la canción, así que ¿por qué detenerme en lo que no me gusta del presente? Esto puede parecer a lo mejor algo sencillo , pero probablemente no sepas lo fácil que es quedarse atrapado con un sentimiento negativo que se apodera de todo el día o peor aún, de toda la semana o todo el mes.

Esta es una diferencia clave entre las personas positivas y las personas negativas.

Resultados inevitables

El entrenamiento de optimismo y positividad, el replanteamiento y ser emocionalmente congruente con tus objetivos, se unieron maravillosamente cuando escuché por primera vez a **Eben Pagan** enseñar una idea fantástica que llamó: "*Pensamiento inevitable*". Por si nunca escuchaste hablar de él, Eben Pagan es un conocido empresario, profesor e inversor en tecnología.

Es importante que consideres que no es solo tener un pensamiento positivo o "esperanza" hay que tener además un pie puesto en la **realidad**. Pensas que es inevitable porque conoces el camino y estableciste las condiciones adecuadas para recorrerlo con seguridad. *Pensamiento Inevitable* se trata de tener la confianza de saber que: Si haces todas las cosas bien, lo haces con pasión y enfoque, contas con los recursos necesarios, tenes acceso al conocimiento adecuado y a las herramientas correctas...

Todo va a salir bien y vas a lograr, inevitablemente, tus objetivos.

Tenes que saber que: Cuándo y cómo ocurre finalmente el resultado, se verá afectado por el tiempo, las condiciones externas, el entorno y otros factores que no puedes controlar. Pero tarde o temprano todo se alinea y el momento y las condiciones necesarias ocurren.

Una vez que conozcas las condiciones requeridas, tu único trabajo es hacerlas realidad.

Pensar inevitablemente elimina el miedo

Me encanta el **pensamiento inevitable** porque elimina inmediatamente el miedo, la duda y la negatividad y convierte lo que estás haciendo en un **proceso**, una serie de pasos que cuando se hacen bien, tienen su recompensa.

Ya no es aleatorio, solo necesitas recopilar los recursos y el conocimiento necesario, y luego ponerte en marcha.

La mayoría de las personas cuando comienzan algo nuevo se centran en lo extraño que se siente todo, lo carentes que son de conocimiento y experiencia, los miedos que tienen de fracasar y todo tipo de razones para no hacerlo.

Con el pensamiento inevitable sabes desde el principio que podes lograr lo que estás buscando porque sabes lo que se necesita para que suceda. Todo lo que se interpone en tu camino es ponerte a trabajar.

No contemplas el fracaso, ni pasas tiempo deteniéndote en todas las razones por las que no podes tener éxito. Eso es un desperdicio de energía. Tenes que pensar más inteligentemente que eso.

Todo esto te puede parecer un concepto simple, pero en realidad es bastante difícil de dominar. Somos humanos y tenemos miedos y desafíos de autoestima. La confianza es necesaria y solo se afirma y crece una vez que tenes logros.

Por ejemplo, cuando pienso en comenzar un nuevo proyecto, me siento muy seguro de que tendrá éxito. Conozco el proceso y porque ya lo hice he antes. El único desafío real es reservar el tiempo para hacer bien el trabajo.

Sin embargo, con mi empresa de software (ltmon.com), estaba haciendo muchas cosas que no había hecho antes y nuestro equipo enfrentó muchos desafíos. Cada vez que veía a un competidor que lo estaba haciendo muy bien, era fácil para mí comenzar a sentir dudas y pensar que probablemente nosotros no tendríamos éxito.

De lo que hay que tener cuidado es de no convertir el pensamiento inevitable en algo **rígido**.

Es posible que tengas que pivotar, cambiar de dirección o apuntar a un mercado diferente. Cuando lo hagas, será porque estás **siguiendo un proceso**. Si haces esto el tiempo suficiente, no vas a poder evitar tener éxito porque los principios son sólidos.

Durante el camino haces cambios, porque un emprendedor está en movimiento continuamente, incluso podes cerrar un negocio para comenzar otro, pero todos estos cambios los realizas siguiendo principios, no condiciones emocionales aleatorias o caprichos sin fundamentos.

No solo te decís a vos mismo que vas a tener éxito, tenes que saber que los principios a partir de los cuales estás trabajando son sólidos. Ya fueron probados por muchas otras personas y han tenido éxito en sus emprendimientos.

Tu creencia proviene de saber que el proceso funciona y se refuerza todos los días a medida que construís lentamente las condiciones requeridas para alcanzar el éxito de tu emprendimiento.

El pensamiento de inevitabilidad mantiene tus emociones bajo control, te hace enfocarte en resultados positivos y hace que tu energía fluya en la dirección correcta. Todo está alineado y es congruente con tu objetivo.

Normalmente, el mayor obstáculo en todo este proceso, es dar El Primer Paso para comenzar.

El Éxito Está en Tus Manos: Cómo Convertir el Conocimiento en Acción

A lo largo de este libro, recorrimos juntos un camino transformador que te fue llevando desde la comprensión de tus desafíos como emprendedor hasta la implementación de herramientas concretas para superar cualquier obstáculo. Ahora es momento de recapitular todo lo que aprendiste para que puedas aplicar estos conceptos de manera efectiva en tu negocio y en tu vida.

1. El Poder de la Mentalidad Emprendedora

Aprendiste que **el éxito o fracaso de un emprendimiento depende, en gran medida, de tu mentalidad.** Desde los primeros capítulos, quedó claro que la información, el dinero o el tiempo no son los factores que más frenan a los emprendedores, sino las barreras mentales que nos imponemos. **La clave del éxito está en tu capacidad para entrenar tu mente** y preparar el terreno mental necesario para lograr tus objetivos.

2. Las 7 Herramientas Fundamentales

El corazón del libro se centró en las **7 herramientas que te van a ayudar a transformar tu productividad, tu enfoque y tu negocio:**

La regla 80/20: Priorizar el 20% de las acciones que generan el 80% de los resultados. Esto te enseñó a enfocar tus esfuerzos en las áreas de mayor impacto.

Teoría de las restricciones: Identificar y eliminar las barreras que te impiden avanzar en tu emprendimiento, simplificando el proceso hacia tus metas.

El sprint: Aplicar periodos de trabajo enfocados y cortos para maximizar tu productividad en tareas clave.

Las creencias limitantes: Detectar y reemplazar esos pensamientos que te detienen por una mentalidad de crecimiento y éxito.

Objetivos SMART: Definir metas específicas, medibles, alcanzables, relevantes y con un tiempo determinado, para tener un rumbo claro y realista.

La matriz de Eisenhower: Organizar tus prioridades y separar lo urgente de lo importante para evitar la sobrecarga y mantener el enfoque.

Técnica Pomodoro: Dividir tu trabajo en intervalos cortos y productivos, aprovechando mejor tu tiempo y energía diaria.

3. De la Teoría a la Acción: Mentalidad y Productividad

No solo hablamos de herramientas, sino también de cómo integrarlas en tu vida diaria. A lo largo del libro, viste cómo **convertirte en una persona más organizada, enfocada y productiva**. Desde aprender a planificar tu día hasta entender cómo las distracciones y el caos afectan tu negocio, ahora contas con estrategias para mejorar tu forma de trabajar y pensar.

4. El Camino hacia una Mentalidad de Éxito

Además de las herramientas, reflexionamos sobre el impacto que tiene la mentalidad en el éxito de tu negocio. **Trabajar menos horas, ser más productivo y enfocarte en una sola cosa a la vez** son claves que puedes aplicar no solo en tu emprendimiento, sino en todas las áreas de tu vida.

5. ¿Qué Sigue para vos?

Este libro te dio un mapa para **tomar el control de tu mentalidad y aplicar estrategias prácticas para alcanzar el éxito**. Lo más importante es que ahora tenes las herramientas para actuar.

Espero que te sientas super motivado con toda la información y herramientas que analizamos juntos. Hay una maravillosa sensación de confianza que se apodera de vos a medida que obtenes información sobre conceptos que potencialmente pueden resolver tus problemas y ayudarte a alcanzar tus metas.

Quiero que tengas cuidado con este sentimiento. Necesitas apreciarlo, usarlo para motivarte a tomar medidas y comenzar a superar metas.

También quiero que te des cuenta de que el terminar de leer este libro puede darte un impulso, pero ojo que es solo un impulso temporal.

La sensación de confianza que proviene de abrir tu mente a nuevas ideas es un impulso maravilloso. Sin embargo, a medida que regreses "a las trincheras" de tu vida cotidiana e interactúes con las personas con la que te rodeas todos los días, seguramente no entiendan que te sucede, no compartan tu nuevo vigor para la superación personal, y comiences a sentirte solo y desafiado como el "Patito Feo". Ojo… no digo que rompas relaciones con todo el mundo, pero…probablemente sea una señal de que debas comenzar a rodearte de otro tipo de personas.

En tu proceso de emprender te vas a chocar con obstáculos, vas a fracasar una y otra y otra vez, e incluso tu propia mente intentará una vez más descarrilar tu éxito. Es por eso que la capacitación en este libro es tan importante. Estos conceptos y herramientas necesitan ser asimilados en vos una y otra vez hasta que se internalicen.

Cuando haces de estas ideas parte de tu conciencia diaria, literalmente comenzás a "pensar de manera diferente". Va a ser como si un interruptor se hubiera movido en tu cabeza y de repente solo conoces la forma más inteligente de percibir tu mundo.

Para llegar a este punto, necesitas reprogramar tus patrones existentes de pensamiento y comportamiento. Esa es la parte difícil.

Es fácil hacer lo que te sale naturalmente y repetir lo que siempre hiciste. Desafortunadamente, eso también te va a llevar a los mismos resultados que siempre tuviste.

Ahora el resto depende de vos. Te animo a que vuelvas a leer estas páginas tantas veces como sea necesario, uses las plantillas que te regale e intentes implementar todas las herramientas que puedas a tu día a día. Si estás buscando más material para formarte o te gustaría que trabajemos juntos y sea tu Mentor, envíame un mensaje y charlemos, siempre estoy feliz de trabajar con emprendedores motivados.

¡Buena suerte, y manetente siempre enfocado!

Links de Interés

Acá te dejo los links para que tengas acceso a toda la información y material que prepare para vos y todos los que tengan siempre muchas ganas de crecer y superarse.

La IA se ha convertido en una de las herramientas más versátiles para cumplir la labor de ayudarnos en todas las tareas diarias.
Te invito a que accedas a todo el contenido que tengo disponible sobre IA que creo, puede ayudarte y mucho.

www.ingramcontent.com/pod-product-compliance
Lightning Source LLC
Chambersburg PA
CBHW052302220526
45471CB00001B/448